I0566825

DISCLAIMER

The author and publisher are providing this book and its contents on an "as is" basis and make no representations or warranties of any kind with respect to this book or its contents. The author and publisher disclaim all such representations and warranties, including but not limited to warranties of merchantability. In addition, the author and publisher do not represent or warrant that the information accessible via this book is accurate, complete, or current.

Except as specifically stated in this book, neither the author nor publisher, nor any authors, contributors, or other representatives will be liable for damages arising out of or in connection with the use of this book. This is a comprehensive limitation of liability that applies to all damages of any kind, including (without limitation) compensatory; direct, indirect, or consequential damages; loss of data, income, or profit; loss of or damage to property; and claims of third parties.

This Book Comes With Free Bonus Puzzles

Available Here:

BestActivityBooks.com/WSBONUS20

5 TIPS TO START!

1) HOW TO SOLVE

The Puzzles are in a Classic Format:

- Words are hidden without breaks (no spaces, dashes, ...)
- Orientation: Forward & Backward, Up & Down or in Diagonal (can be in both directions)
- Words can overlap or cross each other

2) ACTIVE LEARNING

To encourage learning actively, a space is provided next to each word to write down the translation. The **DICTIONARY** allows you to verify and expand your knowledge. You can look up and write down each translation, find the words in the Puzzle then add them to your vocabulary!

3) TAG YOUR WORDS

Have you tried using a tag system? For example, you could mark the words which have been difficult to find with a cross, the ones you loved with a star, new words with a triangle, rare words with a diamond and so on...

4) ORGANIZE YOUR LEARNING

We also offer a convenient **NOTEBOOK** at the end of this edition.
Whether on vacation, travelling or at home, you can easily organize your new knowledge without needing a second notebook!

5) FINISHED?

Go to the bonus section: **MONSTER CHALLENGE** to find a free game offered at the end of this edition!

Want more fun and learning activities? It's **Fast and Simple!**
An entire Game Book Collection just **one click away!**

Find your next challenge at:

BestActivityBooks.com/MyNextWordSearch

Ready, Set... Go!

Did you know there are around 7,000 different languages in the world? Words are precious.

We love languages and have been working hard to make the highest quality books for you. Our ingredients?

A selection of indispensable learning themes, three big slices of fun, then we add a spoonful of difficult words and a pinch of rare ones. We serve them up with care and a maximum of delight so you can solve the best word games and have fun learning!

Your feedback is essential. You can be an active participant in the success of this book by leaving us a review. Tell us what you liked most in this edition!

Here is a short link which will take you to your order page.

BestBooksActivity.com/Review50

Thanks for your help and enjoy the Game!

Linguas Classics Team

1 - Antiques

```
Ч Ү Б Д Н Ш А А Б Ү О Ұ Ъ С
Ц Ы Ю К У Л У У Л А А Б Т К
Й И Н О Щ Е К У Д З О О К У
Е Ү Д Д Ю Я Ц Ъ Ж А С Т Н Л
П Ч Р І Ы Е И К С Э Ү Ы У П
С Ф О Й Н К О Ч Ң У Р Й П Т
К Ж О К Д Р Н Щ Х Т Ө Ы Ж У
Ң Ы Б Ю М С Е І Ш Ң Т Н К Р
Ч Т Л О Н Д О Г О Н Т Д Ө А
Я А О Ы І Р Д Й Р Ь Ө А З Ч
О П Д Ө М Л Ө Б О Е Р Р Г С
Г А Л Е Р Е Я Ф Ү Ү З М Ө У
Е С Б С Т И Л И М К Ч И Ч Р
Ч И Ж Й П Ү И М А Ь Р Ч Ө О
```

ОРУСЧА	ПУНКТ
АУКЦИОН	ЗЕРГЕР
ЧЫНДЫК	ЭСКИ
КЫЛЫМ	СҮРӨТТӨР
ТЫЙЫНДАР	БАА
ОНДОГОН	САПАТ
КООЗДУК	СКУЛПТУРА
БӨЛМӨ	СТИЛИ
ГАЛЕРЕЯ	ӨЗГӨЧӨ
ДОЛБООР	БААЛУУЛУК

2 - Food #1

```
С К О Р И Ц А Ъ Ш Ш Г Ы М Ш
А Ь О У Ь Ұ Ч Ь А П Ү К Ж О
Р В Я Н Р Т Ү Л Ү Й И Ө Ъ Р
Ы Т У З Ц Й Ө Ф И Ң К Н Т О
М У Ү Ц Ө А Р П А М Ш Ю А Н
С Р Ж С Ж Н Ш И Р Е О Ө Л К
А У Е А Р У Е Т Л Б А Н А И
К М Р У Ш П Ц Х Ф Ъ П И С Л
Ы Л Ж Ю О Л Ъ С В Щ Р Щ Д И
Л А А Ң Р У Е Щ Ү Ұ И М Х З
А К Ң Ь П К У Д И В К О Ч А
Б П Г Ю О Е Щ Ь Щ Ъ О Д Ю Б
Е Ұ Ы М Т А Т Т У У Т Ы Х Й
И Ү Л К Ұ Щ П И Я З И Б А С
```

АПРИКОТ	ЖЕРЖАҢГЫЛ
АРПА	АЛМУРУТ
БАЗИЛИК	САЛАТ
САБИЗ	ТУЗ
КОРИЦА	ШОРПО
САРЫМСАК	ШПИНАК
ШИРЕ	КУЛПУНАЙ
ЛИМОН	ТАТТУУ
СҮТ	БАЛЫК
ПИЯЗ	ШОРОН

3 - Measurements

```
Ъ О Ұ Щ Р Е М И Т Н Е Ц О С
Ф О И Ы Т Л А Т М У Щ Х М А
Г Р Й И Е Ү С У Ұ И Р О Х Л
Щ Б К М М П С Ы Щ Х Л Ч Ч М
Ү И Д Ю Й М М Ү Н Ө Т И Е А
Ц Й Д Е Ц И М А Л К Ю Ъ Б К
В И Ъ Ө У М Ю Ж И Й І Д М
К К І В Д З А Ү И Л Ь Ш А Т
Л Ф Ш П М У Р Щ Б Ө Р У Ш
В Р Х Ъ Ф Н Г Д Е М Б Т Й Д
А К Ы Л Ы Д О С Р Е Г Э А Х
Ү Ц К П Л У Л Т Ү Т Ү Л Т Ю
У Н С Н Н Г И І Ү Р У П В Ш
Я Ұ И Б Ұ У К Ұ С К Л Р К І
```

БЭТ	КИЛОМЕТР
ЦЕНТИМЕР	УЗУНДУГУ
ДЕЦИМАЛ	МАСС
БИЛИМИ	МЕТР
АКЫЛЫ	МҮНӨТ
ГР	УНС
БИЙИК	ТОН
ДЮЙМ	САЛМАК
КИЛОГРАММ	ЖИБЕРҮҮ

4 - Farm #2

```
Ф  Р  Ж  Ъ  Щ  Ц  Ұ  Ы  Б  К  Ө  Д  Р  Ѳ
А  С  А  А  Ъ  Д  Н  І  И  И  Ч  Ц  Ұ  С
П  Ү  Ш  Ң  Щ  А  Щ  Я  Н  Р  А  Б  Ч  И
М  Т  Ы  К  А  З  Д  А  Р  Ү  Ж  Ж  Е  Г
Н  Ң  Л  Т  А  А  Н  Ы  Ш  Ү  Ү  А  Д  О
Ъ  Ж  Ч  Т  Ж  Г  Ь  Б  Ф  К  Г  Н  Ы  Л
А  У  А  О  Р  Е  Я  Т  Н  О  Ү  Ы  Й  Ь
К  З  С  Р  Б  А  М  Ы  Б  Й  Г  Б  К  К
А  О  Н  Ч  У  Ъ  К  И  П  Ч  Ү  А  А  С
М  К  Й  А  У  С  У  Т  Ш  У  Р  Р  Н  У
А  У  Ь  Р  Д  И  Ұ  Н  О  Д  Ү  Л  Ұ  Г
Т  Ұ  М  Д  А  О  П  М  А  Р  Л  А  Л  А
А  Р  П  А  Й  Й  О  У  Ы  Ч  С  Р  И  Т
Ф  П  К  Щ  Р  Г  К  В  Ң  О  І  И  Б  П
```

ЖАНЫБАРЛАР	КОЗУ
АРПА	ТААНЫШ
БАРН	КИРҮҮ
ЖҮГҮГҮРҮ	СҮТ
ӨРДӨК	ОРЧАРД
ДЫЙКАН	КОЙ
ТАМАК	КОЙЧУ
ЖЕМИШ	ТРАКТОР
КАЗДАР	ЖАШЫЛЧА
СУГАТ	БУУДАЙ

5 - Books

А	Б	Е	Т	С	К	Е	Т	Н	О	К	О	Э	И
Ө	В	Л	А	И	М	Й	Ы	Р	Щ	У	К	П	Ж
О	З	Т	К	А	Й	Г	Ы	Л	У	У	У	О	Т
К	М	Г	О	Ж	Ы	Й	Н	А	Г	Ы	Р	П	А
У	Ө	Г	Ө	Й	И	Б	А	Д	А	М	Е	П
Я	Ю	Щ	Ү	Ч	І	Ч	Ү	Ы	М	К	А	Я	К
Щ	О	Ъ	В	У	Ө	Ю	Т	К	П	О	Н	Й	Ы
Ж	Ы	Л	Ы	П	Ш	Л	Ц	П	Р	Х	Р	Р	Ч
Ж	Щ	Ъ	Ю	Ъ	Ү	Ю	Ү	Я	Т	С	К	Ь	Т
Т	А	Р	Ы	Х	Ы	Й	Ю	К	Ъ	Ю	Ф	Х	Ы
Т	Й	Ө	К	А	Ш	А	М	А	Т	Ф	О	О	К
А	К	Т	У	А	Л	Д	У	У	М	Ө	Ю	Ф	М
П	О	Э	З	И	Я	Ь	С	Е	Ы	Б	Р	П	Б
Т	Ү	Р	М	Ө	Т	М	Ү	Л	У	С	М	Ү	Д

ЖЫЛЫП	РОМАН
АВТОР	БЕТ
ЖЫЙНАГЫ	ЫР
КОНТЕКСТ	ПОЭЗИЯ
ӨЗГӨЧӨЛҮКТӨРҮ	ОКУРМАН
ЭПОПЕЯ	АКТУАЛДУУ
ТАРЫХЫЙ	ТҮРМӨ
ТАМАШАКӨЙ	ОКУЯ
ТАПКЫЧТЫК	КАЙГЫЛУУ
АДАБИЙ	

6 - Meditation

```
Ф  Ң  Т  К  К  Ө  Д  К  В  Е  Ң  Я  К  С
Ю  I  Ы  I  Ы  Ъ  Е  Т  Ы  Ө  Ъ  Л  В  Г
П  О  Н  Ү  Л  Ц  М  С  Ү  Й  Ъ  Д  Ү  Ю
Е  С  Ч  О  А  О  А  Ь  Ш  Ш  М  Ъ  I  Ч
Д  В  Т  Ө  К  Б  Л  М  Й  Ж  Ү  Ы  Ш  Т
В  С  Ы  Ъ  И  Х  У  Ж  У  Н  Ч  Н  Л  Ө
Н  О  К  Ұ  Х  У  У  Ш  Л  З  Н  Ь  Ү  Р
Э  М  О  Ц  И  Я  Л  А  Р  Л  Ы  К  А  Ү
Й  Л  Ө  Ь  С  К  Б  А  К  Ы  Т  К  У  С
Б  Т  Ш  Т  П  У  У  Л  А  Л  Ы  Б  А  К
Ұ  Ы  Р  А  А  З  Ы  Ч  Ы  Л  Ы  К  I  Н
А  Д  А  Т  Т  А  Р  О  Й  Л  О  Р  Г  Ь
Т  А  З  А  Л  Ы  Г  Ы  I  Ч  Ү  Ш  Ф  Ь
Б  О  О  Р  У  К  Е  Р  Д  И  К  Ц  Ы  Ң
```

КАБЫЛ АЛУУ	ТҮШҮНҮҮ
ДЕМ АЛУУ	ПСИХИКАЛЫК
ТЫНЧ	АКЫЛ
ТАЗАЛЫГЫ	КЫЙМЫЛ
БООРУКЕРДИК	МУЗЫКА
ЭМОЦИЯЛАР	ТЫНЧТЫК
ЫРААЗЫЧЫЛЫК	СҮРӨТ
АДАТТАР	ОЙЛОР
БАКЫТ	

7 - Days and Months

```
Ж Р П Л Ш Ф Е В Р А Л Ь Ы К
Ф Е Ж Ж С Ң Я Т Ү Ь Я Р Р А
Ъ Ф К М Ы Ш Е Й Ш Е М Б И Л
Й С Ф Ш А Ф А А М У Ж Я Ш Е
Н Ж Ь Л Е Р П А П Ц Ф Т А Н
Ү Е Р Ы А М Т Н М Р У К Р Д
С Ы А Ж Д Ф Б В Е У Ю О Ш А
И Е В С Р Ъ И И П И І И Е Р
Ш Г Н Д Ү Й Ш Ө М Б Ү Ң М Ъ
Е Ң Я Т С У Г В А М А Й Б Ү
М Ш Ч Х Я Г Щ Ф Ц Ч О Д И Ъ
Б К Ф Е И Б М Е Ш Й Е Б Ц Ч
И И Л Ө М Ь Р Б Я О Н Т Ш Ұ
Б Г І В Ф Ү Г Ь Л Ю И Л Л Д
```

АПРЕЛЬ	АЙ
АВГУСТ	НОЯБРЬ
КАЛЕНДАР	ОКТЯБРЬ
ФЕВРАЛЬ	ИШЕМБИ
ЖУМА	СЕНТЯБРЬ
ЯНВАРЬ	ЖЕКШЕМБИ
ИЮЛЬ	БЕЙШЕМБИ
МАРТ	ШЕЙШЕМБИ
МАЙ	ШАРШЕМБИ
ДҮЙШӨМБҮ	ЖЫЛ

8 - Energy

```
Ч Ы К Т А Д Л Ы М Й Ы К Ж Ү
Э Ы Я Е Р А Т А Б Ъ Р Б Ы Ф
Н І Д Д И З Е Л Ь Е Р А Л О
Т Ш О А Ш А М А Л Ң Н А У Т
Р Щ Г Ч М Б Ж Г Л Ч Ъ З У У
О Н О Р Т К Е Л Э Ө С Ф И Н
П Б Й Т К Л А С У Й У У Я Н
И Т Ө К Ө Ө Р Й Ө Ч У К Д О
Я Ң С Е Й Н Г Д Л Ң Б Ү Р Н
О Ү Ш Л К Я Ө Ұ Ж Ы Ң Н О Ц
Ү А Е Э У Р Г Р Й О К А Л Ы
Т У Р Б И Н А Ү Ж І Ө Ц У Ф
К Ө М Ү Р Т Е К Ц А Х І К І
В О Д Р О Т Е К Ү У Й І П Х
```

БАТАРЕЯ	ЖЫЛУУ
КӨМҮРТЕК	ВОДРОТЕК
ДИЗЕЛЬ	ӨНӨР ЖАЙ
ЭЛЕКТР	ЯДРОЛУК
ЭЛЕКТРОН	СУЙУУ
КЫЙМЫЛДАТКЫЧ	ЧЫДАМКАЙЛЫК
ЭНТРОПИЯ	БУУ
ЧӨЙРӨ	КҮН
ОТУН	ТУРБИНА
БЕНЗИН	ШАМАЛ

9 - Chess

```
С Р Щ К Д Ч Б К Ң Ү К Д А К
Б Т Ы К Ф Ө Е Р І Ж Ы І К О
Ы Ь Ф Ь У К Ө М Я Ъ С О Ы Н
С Ш Я С Ч П Б Е П Й К Д Л К
С Т Р А Т Е Г И Я И А Е Д У
Л Ы Б А О К А Р А Д О О У Р
Щ К Г Б К Е Ш Э Т И Ш Н У С
П А С С И В Ы Р Ь А Г Ж Е Д
В Б І Н У І Д Е Ө Г О Х Ы Т
Ң У Ъ С Ц Б А Ж С О Г Ю Ь Ю
Ь Ы Д Ч Ы Ц П Е Ъ Н Ф К Н У
О Ю Н Ч У В С Л Р А И Д Х Ұ
Й Ц І Г Ъ Я Ы Е Ч Л В Ш Ц Ю
Х К Ы Д Н А М Р У К У У І А
```

КАРА	ПАССИВ
ЧЕМПИОН	ОЮНЧУ
АКЫЛДУУ	КЫСКА
КОНКУРС	ЭРЕЖЕЛЕР
ДИАГОНАЛ	КУРМАНДЫК
ОЮН	СТРАТЕГИЯ
ПАДЫША	УБАКЫТ
КАРШЫ	

10 - Archeology

```
Я Э Ш Я С Ө Ө К Т Ө Р І Ш П
В Е Р Г Ъ Ю Ұ Ч Р С А Ы Щ Р
Ь Я Ф А Щ Щ Щ К Е Ү Ж С С О
И Б А Й Ы Р К Ы П Ь Й А Щ Ф
М З Н В М І Щ Ц С Б А А Ц Е
Ү Ю И К Е Т Е П К Ф С Б Ф С
Р Ь Г Л А К Х В Э Г Л Щ Ө С
З Ы Р А Д М У К У Т Ө О С О
Ө Ш Т Ж Н Ө Т А Л Д О О Р Р
Ъ Ц Х Ң А Ю Ө Ш Й Ө И Ш Е Н
О Д Ф П М Е Б Ч Ң Ц И Ц Л Ь
Ю И Я Г О И Ж К Ү Д Е У И Ұ
О Б Ъ Е К Т И Л Е Р Д Н К Н
У Н У Т У Л Г А Н Ш Ш Е С Л
```

ТАЛДОО	СЫР
БАЙЫРКЫ	ОБЪЕКТИЛЕР
ТУКУМДАРЫ	ПРОФЕССОР
ЭРА	РЕЛИК
БААСЫ	ИЗИЛДӨӨЧҮ
ЭКСПЕРТ	КОМАНДА
УНУТУЛГАН	МҮРЗӨ
СӨӨКТӨР	

11 - Food #2

```
Ы Т Р У Г О Й У Б Б Ч А Л В
М А К А Л А Н Ч І А Ү Д Щ Ь
И М Ч Ұ А Б В А Ф Ж Л С Ы Р
Т З Ф Р А Л М А Х Ү Л Ы Ү У
И Ы Й А Р М П Г С З Б Ө К Ч
Ж К Е К Р Ы Н Д Ү Ү Р И К У
У Ъ О І І Ш Х А М М А Н Ң Д
М Ш Т Ң П Ы Ы Л Н Ш Й Ң Ө Л
У У Н Т О К Ң О Ы Н С И О Б
Р Ө Ъ О М Щ Ө К П Т Ч Р Ж У
Т Ш Ь О И Ұ Н О Ұ Ү Д Х Т У
К Й Б К Д Т Ч Ш Е Р Ч М Ш Д
А Б Ю Ы О Ы К Ж Ұ Ү Ь А Б А
М А А И Р Б Р О К К О Л И Й
```

АЛМА	ЖУМУРТКА
МАКАЛА	БАЛЫК
КИРҮҮ	ЖҮЗҮМ
НАН	ХАМ
БРОККОЛИ	КЫЗМАТ
ТҮРҮ	МЫШЫК
СЫР	РАЙС
УЧУР	ПОМИДОР
ТООК	БУУДАЙ
ШОКОЛАД	ЙОГУРТ

12 - Chemistry

```
К У Т К Ю У С П Ы І У И Ж М
Ы Щ К А Т А Л И З А Т О Р О
Л Ц Н С Ң Е Е К Л Ш Б Д Щ Л
А Ш Е Ч Е Р Л И И У Ң В Н Е
К Ы Ч Ы Л Т Е К Ф С Т Ь Н К
И У В О Д Р О Т Е К Л И О У
Н У Д Й Т В О Ю Е У Ц О Р Л
А Л Ч М К Ө М Ү Р Т Е К Т А
Г Ы Ұ С О Б А Р У У М К К А
Р Ж Ц А С Т К М Ч Ж И Й Е Ю
О Ъ М Л Ж Ы А Г Я Я З Ы Л Ш
А У Г М У П И Я І Е Н Х Э Ш
Ь Т А А Ю Ң О Т У З Э Ө А Р
Н Ң З К М Ү Н Я Д Р О Л У К
```

КИСЛОТА	ВОДРОТЕК
ШЕЧЕРЛИ	ИОН
АТОМДУК	СУЮКТУК
КӨМҮРТЕК	МОЛЕКУЛА
КАТАЛИЗАТОР	ЯДРОЛУК
БАРУУ	ОРГАНИКАЛЫК
ЭЛЕКТРОН	КЫЧЫЛТЕК
ЭНЗИМЕ	ТУЗ
ГАЗ	САЛМАК
ЖЫЛУУ	

13 - Music

```
Т А А Н Ы Ш А Ж Ө О П К Ф О
Э К Л Е К Т И К Н Р О Л М Г
Ц М Н М Ц Й Н Ю Ы У Э А А А
А Ч С У Р О О М Ж С Т С М Р
Я Н А З Л А Ф Л А И И С У М
И І В Ы А И О К З Я К И З О
Н А Ъ К Т Й Р М У И А К Ы Н
О Ъ Р А Т Ж К И У А Л А К И
М П Х Н Ю С И Ы К Ө Ы Л А К
Р С Е Т Щ Ц М У Х А К Ы Л Б
А Ъ Я Р Ы Р Ч Ы Й В Л К Ы Ү
Г К Ы Л А К И М Т И Р Ы К Н
И Н С Т Р У М Е Н Т О Н К Б
А Л Ь Б О М У Ү К М Х Д Е Я
```

АЛЬБОМ	МИКРОФОН
ОРУСЧА	МУЗЫКАЛЫК
ХОР	МУЗЫКАНТ
КЛАССИКАЛЫК	ОПЕРА
ЭКЛЕКТИК	ПОЭТИКАЛЫК
ГАРМОНИК	ЖАЗУУ
ГАРМОНИЯ	ТААНЫШ
ИНСТРУМЕНТ	РИТМИКАЛЫК
ЛИРИКАЛЫК	ЫРЧЫ
ОРУСИЯ	ҮН

14 - Farm #1

```
Ы  Э  Е  Б  Ү  Ю  Ь  М  Л  Е  Ы  Ү  Ч  Ж
П  Ш  Т  Ж  Р  А  Т  К  У  Р  У  Б  Д  Ь
Е  Е  Х  Т  І  О  Ч  Ұ  У  З  Н  С  Д  Ж
М  К  Х  Р  Д  У  Б  А  Л  Ж  О  У  А  Е
Ы  А  Л  А  А  Л  А  Т  А  Щ  Н  О  Й  Р
Е  А  Р  Д  Р  А  Й  С  Т  В  Д  Д  Ұ  С
И  Ф  А  Н  О  З  И  Б  Ұ  Т  Д  Ө  Р  Е
Ү  С  Л  Ю  А  Й  Ы  Л  Ч  А  Р  Б  А  М
Б  У  Ы  О  В  И  К  Ч  Э  Е  П  А  Ы  И
А  У  Р  Я  К  Т  А  Л  Ш  Ю  С  Ж  І  Р
Л  Ж  А  С  Д  Г  Р  М  Т  О  О  К  К  Т
О  М  А  Ң  Р  Щ  Ж  Й  Д  Ч  И  Н  А  К
Х  Б  У  Ц  Щ  У  Ө  Е  В  Ф  Ц  Щ  Т  И
Р  Ю  Е  Ұ  Д  Ч  Н  Б  Ж  Й  Ш  Ж  Р  Ч
```

АЙЫЛ ЧАРБА	ЖЕР СЕМИРТКИЧ
ААРЫЛАР	ТАЛАА
БИЗОН	ФЛОК
МУЗОО	ЭЧКИ
КАТ	ОЮНДАР
ТООК	БАЛ
УЙ	АТ
ИТ	РАЙС
ЭШЕК	УРУКТАР
ДУБАЛ	СУУ

15 - Camping

```
Ъ У Ж Р В А Щ Г О Ж Г Ж Ш Ш
У Е И А Д Ң Ұ Ң С А Р А М А
А Ш П Л Ң Ч Ұ Ц Б Р А Б А К
Т П Е Р Ч Ы П Ф Б А Т Д Ң К
Е Я Ы А Ъ Л Ь Ю Н Т К У Р О
Ө И Ъ Б У Ы І Я Т Ы А У Д М
Ж Ы Л Ы П К Ч Ъ В Л Р Л Ъ П
Ш А С Н К А Р Т А Ы А А К А
И А Г А Д Ш Ы А Я Ш Д Р А С
Е Н П Ж Б Е Т Ь Ч Я П І Н Щ
Ф П С А Ц С А П Ұ Й О К О Т
Ө Р Т Е К П Ч Я Ш А Л О Е Б
Д Ж Г И К К Ө Л Ц Ц О Ж Т У
Ш Я Ц Х Ъ Т К Ң Г А М М О К
```

ЖЫЛЫП	АҢЧЫЛЫК
ЖАНЫБАРЛАР	ИНСЕКТ
КАБАР	КӨЛ
КАНОЕ	КАРТА
КОМПАС	АЙ
ЖАБДУУЛАР	ТОО
ӨРТ	ЖАРАТЫЛЫШ
ТОКОЙ	ЖИП
ГАММОК	ЧАТЫР
ШАПАК	ДАРАКТАР

16 - Algebra

```
Ч Ж К О Ш У М Ч А Ү Ң Ж Ѳ Н
Е А Ѳ Ы Д Ю А Ц И Р Т А М Ѳ
К Н П Н Т Л Ү Е Ѳ П Х Л И Л
С К Ъ А Ѳ Ң П Л Ы Ү І Г Ч Т
И В Ж С Е К Ж А Б У У А Е Е
З Щ Ю Й Р Д Ѳ Л Г В И Н Ч М
Ѳ З Г Ѳ Р М Ѳ Й А Щ Ц М Я И
К П Ч Г А Ж Щ П Л Й Ф И Ч Р
І В Н Й Л Ж А Е Ң Ѳ Н Е Ю Б
Ѳ Ь И Ѳ У С Б Г Й Л Т Е Г Е
Х С Я К М Ы С Ы Д П Ю Ү Р Т
Д И А Г Р А М М А А Е Ү Ү О
Ъ Ю У Х О Ч Е Ч Ү Ү Й Ц У Н
Й Й Ж Ұ Ф А Л Ы П А Л У У О
```

КОШУМЧА	ТЕМИРБЕТОН
ДИАГРАММА	КӨЙГӨЙ
ЖАГДАЙ	САНЫ
ЖАЛГАН	ЖӨНӨКӨЙЛӨТҮҮ
ФОРМУЛА	ЧЕЧИМ
ЖАБУУ	ЧЕЧҮҮ
ЧЕКСИЗ	АЛЫП АЛУУ
ЛАЙНЕР	ӨЗГӨРМӨ
МАТРИЦА	НӨЛ
ЫСЫМ	

17 - Numbers

```
Т  І  З  А  З  У  Г  О  Т  Н  О  Ц  С  Я
Р  О  И  К  Э  Л  Ң  Н  У  Ц  Х  Ы  Щ  П
Ө  М  Г  Ь  Т  Ь  И  А  Ң  Ю  О  Ф  Х  О
Т  Ө  Е  У  Ц  Б  Ң  Л  Д  М  А  Н  Ъ  П
Ұ  Т  С  М  З  Г  И  Т  Ы  Х  А  С  Ү  Ф
Ф  И  Н  Ш  Б  Р  О  Ы  Ю  Ш  Ү  С  О  Ч
П  І  О  Т  Р  Ө  Т  Н  О  О  Ы  Д  Ж  Ү
Ь  Ы  Ф  К  И  М  Ь  О  Б  Ц  Б  Ұ  Г  И
М  Т  Г  Ө  Б  Ж  Е  Т  И  Е  Г  Ь  С  И
А  Л  Т  Ы  О  Н  Ж  Е  Т  И  Ш  Е  О
М  У  Ч  Е  О  Л  А  М  И  Ц  Е  Д  Г  Ц
Ж  Ы  Й  Ы  Р  М  А  Л  Л  И  Б  І  И  С
И  И  Б  Л  Ю  О  Н  Э  К  И  Ү  Г  З  О
Щ  К  Ж  Й  Ю  О  Ь  Т  Р  М  Ы  Т  О  Т
```

ДЕЦИМАЛ	ЖЕТИ
СЕГИЗ	ОН ЖЕТИ
ОН СЕГИЗ	АЛТЫ
ОН БЕШ	ОН АЛТЫ
БЕШ	ОН
ТӨРТ	ОН ҮЧ
ОН ТӨРТ	ҮЧ
ТОГУЗ	ОН ЭКИ
ОН ТОГУЗ	ЖЫЙЫРМА
БИР	ЭКИ

18 - Spices

```
Л К Р П И Т К О Р А Н Д Е Р
И Ң А Л У Ч А К И Д З О В Г
К Ы Д Р А Б Т Т Н Ұ У А О Т
О И О М Д Е Г В Т У Т Х Л Ч
Р Ь Л И Н А В Ц У У М Р В Б
И К Н Н А М М Ө Д Г У Ы Х А
З К Ы З М А Т О Б Р Ь Ь Г Й
А Ц И Р О К А С М Ы Р А С Л
З И Р Е Н И Щ Ю Ш П Х О Е А
А Ң Ф Ж У Р Ы Щ П С И У К Н
Ч Т Е Л Т П Д О Ш І Я Я І Ы
У Ө Ъ У М А А Ъ И Л Т Х З Ш
У Ң Щ Ь Е П А С А Ф Ф Р О Н
Л Ү Й У Г Г М Ф Е Н Х Е Л Ь
```

БАРДЫК	САРЫМСАК
АЧУУ	КЫЗМАТ
КАРДАМОМ	ЛИКОРИЗА
КОРИЦА	НУТМЕГ
ГВОЗДИКА	ПИЯЗ
КОРАНДЕР	ПАПРИКА
ЗИРЕ	САФФРОН
БАЙЛАНЫШ	ТУЗ
ФЕНХЕЛЬ	ТАТТУУ
ДААМ	ВАНИЛЬ

19 - Universe

```
Р  И  Ф  К  Ы  Л  Ы  Г  Ң  А  Р  А  К  Ю
Т  О  К  Т  О  Л  У  У  М  Ң  С  К  Ү  Н
К  Т  Т  А  С  Т  Р  О  Н  О  М  С  Ө  Ь
О  Е  Я  А  Т  И  Б  Р  О  А  Х  Ы  Ж  У
С  Л  Ч  О  В  Ь  Щ  Ь  К  Ш  Ө  К  М  Н
М  Е  С  Ө  Ф  К  Г  О  Р  И  З  О  Н  Т
И  С  Щ  Ч  Й  Ф  Э  И  Ж  О  Н  Щ  С  Ү
К  К  О  Т  А  С  Т  Р  О  Н  О  М  И  Я
Ү  О  Ң  А  Т  М  О  С  Ф  Е  Р  А  М  К
Р  П  Г  А  Л  А  К  Т  И  К  А  Х  Т  Ц
Л  О  Н  Г  И  Т  У  Д  Ш  А  С  М  А  Н
П  П  Л  А  Т  И  Т  У  Д  А  А  Й  Г  Л
А  С  Т  Е  Р  О  И  Д  З  О  Д  И  А  К
К  Ө  Р  Ү  Н  Ү  Ш  І  П  Ү  Х  Б  В  І
```

АСТЕРОИД	ЛАТИТУДА
АСТРОНОМ	ЛОНГИТУД
АСТРОНОМИЯ	АЙ
АТМОСФЕРА	ОРБИТА
КОСМИК	АСМАН
КАРАҢГЫЛЫК	КҮН
ЭКВАТОР	ТОКТОЛУУ
ГАЛАКТИКА	ТЕЛЕСКОП
КЫСКА	КӨРҮНҮШ
ГОРИЗОНТ	ЗОДИАК

20 - Mammals

```
В Ч О У Т Л Н М Н А Т С Р А
В Е Г Ң О Х Т Р Б Ю П А Ү Р
Ю О К И Й И Н К И У А М К Б
Д Ц Л А О А Я В Ж С Г Ұ Л Е
Ү Ұ Щ Ь К Е Н Г У Р У Д Ү З
В К К Д Ф Ж И Р А Ф Ю Р Т Щ
Ч Ы Й О И Й Ц Е Я Ч Ұ Г Е А
У Ф Щ Г Й Ө Ь В П Ң Ң О Ц С
С Ө Ь Я Х Т Ч И І В А Р Ө Б
Д Е Л Ь Ф И Н Б К Ъ Т И К Ч
Б А Я Х Б Ы Н Ф Й Ъ Ъ Л Ы І
І Д Н Х У Ц Й А Ж Ю Т Л Т П
Р Й І Ұ К Н П Ш Ж И М А Ц И
Л Ы М Й А М Х Е Ж А З У У Т
```

АЮУ	ГОРИЛЛА
БИВЕР	АТ
БУКА	КЕНГУРУ
КАТ	АРСТАН
КОЙОТ	МАЙМЫЛ
ИТ	ЖАЗУУ
ДЕЛЬФИН	КОЙ
КИЙИНКИ	КИТ
ТҮЛКҮ	ВОЛЬФ
ЖИРАФ	ЗЕБРА

21 - Restaurant #1

```
У С Т Э І И С Г К А Ч Ы Б Т
Ж А А Х Т Н А Н А Р С Ь Ц А
М Л Т П О Г В П М Е О Т М Г
Щ Ф Т Ч Ю Р Ң Ц А З Ж А О Ы
М Е У Ч Ч Е А П Т Е С Ч А Р
Е Т У С А Д Л Ң О Р И У У А
Н К Ө П А И Л Ю О В Г У Е А
Ю А Я Ү Ц Е Е М К А А Ъ Б К
К Ю Ж Х Г Н Р Й Ө Ц Ш С М Р
Я Г Л Ы Ө Т Г Ө Ч И К У К Ұ
І Ф Е Е К Т И У Й Я А У О Ү
О Ф Р Ф Ч Е Я Е Ө Ц Н С Ф Ч
І Ү Г Щ Т Р М А Ч Ч А Р Е Я
Б Щ В Ң Л Ц М Ч К А С С И Р
```

АЛЛЕРГИЯ	АШКАНА
ЧӨЙЧӨК	БЫЧАК
НАН	ЭТ
КАССИР	МЕНЮ
ТООК	САЛФЕТКА
КОФЕ	РЕЗЕРВАЦИЯ
ТАТТУУ	СУУС
ТАМАК	АЧУУ
ИНГРЕДИЕНТТЕР	ТАГЫРААК

22 - Bees

```
Д  В  Б  С  Ю  Ф  И  В  Ө  Ю  Ъ  Ө  К  Ң
А  Р  Т  Ү  Р  Л  Ү  Л  Ү  К  Ү  С  Ы  Н
Ч  Ң  Ч  А  Ж  Е  М  И  Ш  Д  Ү  С  У
Т  Э  К  О  С  И  С  Т  Е  М  А  М  К  Л
К  А  Б  Ж  Д  І  Й  Е  Ң  Х  Я  Д  А  Х
Е  Н  М  Ң  Г  У  Ж  Ч  А  Ь  Н  Ү  К  К
С  И  Х  А  М  У  Г  Н  Ю  Ь  Г  К  Ж  А
Н  Е  У  Ъ  К  Л  К  Н  Ү  Т  Ү  Т  Ю  У
И  Ч  А  Ң  Д  А  Т  К  Ы  Ч  Л  Ө  Ь  У
В  И  Ү  Й  Ұ  Д  Р  Б  Е  Я  Д  Р  Ш  П
Й  Ү  Ө  Ң  Т  Й  Ь  Ц  Ы  Н  Ө  Б  Ь  Ы
Х  А  Б  И  Т  А  Т  П  Н  Ш  Р  Т  А  Ь
А  Ю  Н  Х  Ж  П  Ь  В  Ф  Ж  І  Ж  В  Л
В  О  С  К  Ш  Ж  Г  Ж  Ю  О  Р  У  Ү  Б
```

ПАЙДАЛУУ	БАЛ
АР ТҮРЛҮЛҮК	ИНСЕКТ
ЭКОСИСТЕМА	ӨСҮМДҮКТӨР
ГҮЛДӨР	ЧАҢЧА
ТАМАК	ЧАҢДАТКЫЧ
ЖЕМИШ	КЫСКА
БАК	ТҮТҮН
ХАБИТАТ	КҮН
УЮК	ВОСК

23 - Photography

Н	Ұ	В	Ө	Ж	Ф	Т	В	І	П	Ф	Ц	Ь	А
Ж	О	Ы	Ж	Х	Ж	О	Г	В	Ұ	Ц	Х	М	Н
К	И	Х	Ю	Ф	Т	Е	Р	Т	Р	О	П	Т	Ы
І	У	Ц	Ъ	Ъ	Т	Г	Ң	М	Д	Ю	Р	Е	К
И	Ө	Р	Д	А	Н	Ү	Ч	Я	А	Р	А	К	Т
Щ	А	К	А	М	Е	Т	І	И	К	Т	Т	С	О
Б	Ы	Ө	Ө	М	З	Ө	Т	Р	Ө	К	К	Т	О
Ж	Е	Р	Ң	Ю	Ы	К	Ч	С	Б	Ы	А	У	Ж
М	В	Ү	Ң	У	Р	И	А	Ъ	В	Ұ	Н	Р	Я
И	Ь	Ү	С	Б	Ж	О	А	М	Ю	К	Я	А	Д
Ж	У	М	Ш	А	Р	Т	У	У	Е	Ы	Ы	Г	Д
К	А	Р	А	Ң	Г	Ы	Л	Ы	К	Р	Т	Р	Ч
П	Е	Р	С	П	Е	К	Т	И	В	А	А	Ұ	Х
К	Ө	Л	Ө	К	Ө	Л	Ө	Р	Ю	Ж	Ч	Х	Ө

КАРА	ЖАРЫК
КАМЕРА	ТЫЯНАКТАР
БУЮМ	ПЕРСПЕКТИВА
КУРАМЫ	ПОРТРЕТ
КАРАҢГЫЛЫК	КӨЛӨКӨЛӨР
АНЫКТОО	ЖУМШАРТУУ
КӨРГӨЗМӨ	ТЕМА
ФОРМАТ	ТЕКСТУРА
КАДР	КӨРҮҮ

24 - Weather

```
Т Ш Й К Т Т О Р Н А Д О П М
Е А А У Щ Р Ү С А Ү Й Щ О С
М М И Р А П О Н І Ү Ш Ү Л Р
П А Ф Г Щ Щ Т П О Р Й Р Я П
Е Л Н А Г А Р У И Ү Б Т Р Т
Р Д Ч К А Ш О Р М К Н Л Д У
А І А Ч Ю Т М У З Ү А В Ы М
Т Д Г Ы Т А М И Л К М Л К А
У А Ы Л Ю Б Х О К І С Г Ы Н
Р Г Л Ы Ы Л Ж Ш С У А Ь Р К
А Ы Г К Ң В Е Р Ж Ф Р Ш В Ъ
Т Ү А Ң М Ф Ж Ь Г Н Е Г Ц Ъ
Ю С Н А С А Н Ж Е Л Е Р А У
Ж Е Ң И Л Ш А М А Л Ы М А К
```

АТМОСФЕРА	ПОЛЯРДЫК
ЖЕҢИЛ ШАМАЛ	АСАН-ЖЕЛЕ
КЛИМАТ	АСМАН
ДАГЫ	ШОРМ
КУРГАКЧЫЛЫК	ТЕМПЕРАТУРА
КУРГАК	КҮКҮРҮҮ
ТУМАН	ТОРНАДО
УРАГАН	ТРОПИКАЛЫК
МУЗ	ШАМАЛ
ЧАГЫЛГАН	

25 - Adventure

```
К Ө К Н Е Э О О Д Р Я А Д Е
Ы З Ө А Ф К Ф Ц О Б Ф І С
Й Г О М К В К С Н Ц С І Ө Т
Ы Ө П Ү Ү Р И К К Ы И Т Ө Е
Н Ч С К Л О Ф Г А У Л Ү О М
Ч Ө У Ы Ү Г Ұ Й А П Р Щ П Р
Ы Ж З Л Ч Ы Ю Я И Ц Л С Р Б
Л А Д Ы Н У І Д Л Е И В И О
Ы Ң У Ч Ү Б Ц К Н Ч О Я Е Я
К Ы К Н К У Б А Н Ы Ч Щ Я Б
Т Ы Ү Ы М К О К У С Т У К Ү
А Я В Й Ү Ж А Р А Т Ы Л Ы Ш
Р П Ю Ы М И Ш А Р А К Е Т Ъ
К О Р К У Н У Ч Т У У Ч Ү Р
```

ИШ-АРАКЕТ
КЫЙЫНЧЫЛЫКТАР
КОКУСТУК
КОРКУНУЧТУУ
КЫЙЫНЧЫЛЫК
ЭКСКУРСИЯ
ДОСТОР
КИРҮҮ

КУБАНЫЧ
ЖАРАТЫЛЫШ
НАВИГАЦИЯ
ЖАҢЫ
МҮМКҮНЧҮЛҮК
ДАЯРДОО
КООПСУЗДУК
ӨЗГӨЧӨ

26 - Circus

```
К Ы Ч Р Ы К Й Ы С Т П И К М
Ь К Н Ч Х Щ Ө Ч У Б А С О А
У Р Х Ч У М Х Р А Б Р Т С Й
Е Ц Р Ү Ү Ө У Ө С Т А Х Т М
Ю Ж О Н Г Л Е Р Ң Ө Ы Д Ю Ы
Ж А Н Ы Б А Р Л А Р Т Р М Л
С Ю Ө М А К Р О Б А Т Ү Х Ж
М А Й Ф У Ч Ф Г Ұ Т Е Ы Ү О
В И Л Л Е З Ю С Ц Е Ұ Н Ъ Л
Ш А Р Л А Р Ы Й П Л Ш Ц О Б
А Р С Т А Н И К Н И Й И К О
Т К Ө Р Ү Ү Ч Ү А Б Щ Х Е Р
С Ы Й К Ы Р Ч Ы Л Ы К П Г С
О Д М Е Н С В Й Ө Е Т К Б Й
```

АКРОБАТ	МАЙМЫЛ
ЖАНЫБАРЛАР	МУЗЫКА
ШАРЛАР	ПАРА
КОСТЮМ	КӨРСӨТҮҮ
КИЙИНКИ	КӨРҮҮЧҮ
ЖОНГЛЕР	ЧАТЫР
АРСТАН	БИЛЕТ
СЫЙКЫРЧЫЛЫК	ЖОЛБОРС
СЫЙКЫРЧЫ	

27 - Geology

```
Ж Е Р Т И Т И Р Ѳ Ѳ С Ч М Г
Э Т Ұ Х Г Ь Ц П І К Т Ц И К
Р Ѳ У Ц Х Ѳ Н Р Е В А К Н И
О Ъ Д З Г Щ М Ѳ А К Л Ц Е Р
З Б В Р І Ѳ Т Т В А Н Р Ү
И К А Ү А С Ь К О В К І А Ү
Я Х М О Ы Г Я Ѳ Л І Т Ь Л Л
Ц И К Л Д А Р Ѳ С Ж И О Д А
П Л А Т О Ц Ф С И О Т П А В
В У Л К А Н О П К Ю Т Й Р А
Й В М Щ Х В Х Т Н Н Я О Ц А
О Ы Е Ұ Б Щ Ь А Ч Д Б И Д М
К А Л Ь Ц И Й Ш Й А К А Т И
К О Н Т И Н Е Н Т Р О О Л У
```

КИСЛОТА	ЛАВА
КАЛЬЦИЙ	КАТ
КАВЕРН	МИНЕРАЛДАР
КОНТИНЕНТ	ПЛАТО
КИРҮҮ	КВАРЦ
ЦИКЛДАР	ТУЗ
ЖЕР ТИТИРѲѲ	СТАЛАКТИТ
ЭРОЗИЯ	ТАШ
СѲѲКТѲР	ВУЛКАНО
ОЮНДАР	

28 - House

```
А Ш К А Н А А К Ш А Б Т Ш Ц
К И Ш Э Х П Т Д Я Ң Ө Ь Ы Л
И Д Г И О М Т Я Р Ұ Ъ Ш П Ш
Т О А А Й А И Ц Ш У Т П С В
Е Н Ь Ч Р Л К Х Ш К М Ж С Р
П Б А К К А Г Ц Ф Н И М Е К
К А Ъ Н О Ы Ж Х Т Я Й П Й М
А Н Р М Ь Г Ч А У Л И О У Ц
Н Ұ Ү С П Р Ү Т Г Щ К Р Ц Я
А К Ы Ң Й Ы Й А А Я Б Д Щ Ц
I Ф Д Х Ө П М Б Ч Р Ө А Й Ю
Т Г Ұ I Я Ы Ы А М Ы Л Л Ж О
Д У Б А Л Ш И К Н Ю М А С Д
Ц Д О Т Е Р Е З Е М Ө Р Г В
```

АТТИК	АЧКЫЧТАР
ШЫПЫРГЫ	АШКАНА
ШЫП	ЛАМПА
МУРДА	КИТЕПКАНА
ПОРДАЛАР	КИЙИМ
ЭШИК	БАШКА
КЕМИН	БӨЛМӨ
КАБАТ	ТУШ
ГАРАЖ	ДУБАЛ
БАК	ТЕРЕЗЕ

29 - Physics

```
Р К Ы Д М А Д Л Ы Ф Ы М В И
Л Я Ж Л А Л Р О М О Л Е Ю Р
Ц Р Ю Ы С А К Л З Р Д Х Х Г
Ң Д Ч Ы С Д У Ф И М А А П У
Н О Р Т К Е Л Э Т У М Н Ң Н
Б У Ө К Я Я О К Е Л Т И К И
Ң Ы Ұ Ю Х Л Р С Н А Е К Е В
М Т Ы Г Ы З Д Ы Г Ы З А Ң Е
Е И Ұ Т Ы Ө Я Р А Щ Д С Е Р
Г Ч С О А Х Й Я М Ң Е Ы Й С
А Ң Щ А Б Ө Л Ү К Д Т О Т А
З Ь К Ы Л Я И М И Х Ү В Ү Л
М О Л Е К У Л А Ъ Ь Ү С Ү Ұ
К Ы Й М Ы Л Д А Т К Ы Ч Ж Ы
```

ТЕЗДЕТҮҮ	МАГНЕТИЗМ
ХАОС	МАСС
ХИМИЯЛЫК	МЕХАНИКАСЫ
ТЫГЫЗДЫГЫ	МОЛЕКУЛА
ЭЛЕКТРОН	ЯДРОЛУК
КЫЙМЫЛДАТКЫЧ	БӨЛҮК
КЕҢЕЙТҮҮ	ЫЛДАМ
ФОРМУЛА	УНИВЕРСАЛ
МИСАЛ	ЫЛДАМДЫК
ГАЗ	

30 - Dance

```
Р Ч Е К Ч Р Г Х В Ш І К П Ъ
Ь Е Н Ң Ө В Ө Ю В Р Д Ы Е Т
М Е П Г Б Р С А Л Т Е Й Ф Я
К У Я Е М М К Г Ж Ч Н М Ы И
Л У З І Т С Г Ө Ц В Е Ы М Н
А Т И Ы Я И Ц О М Э И Л Т А
С Ч Л Ұ К Ф Ц Ұ Й Ь І Ш Ү Д
С Ы А Т Ч А Я И М Е Д А К А
И Н У А Ъ Е С П Я В І С Ф М
К А З А О Р У С Ч А Ф Ж У Ч
А Б И Н О Ө Й М А Д А Н И Й
Л У В Ы Ң Г Щ Р Ф П І Ш О Я
Ы К К Ш Ө Т К Ө Н Ө Й Т Е Г
К Х О Р Е О Г Р А Ф И Я Х Ж
```

АКАДЕМИЯ	КУБАНЫЧТУУ
ОРУСЧА	КЫЙМЫЛ
ДЕНЕ	МУЗЫКА
ХОРЕОГРАФИЯ	ӨНӨКТӨШ
КЛАССИКАЛЫК	РЕПЕТИЦИЯ
МАДАНИЙ	ТААНЫШ
МАДАНИЯТ	САЛТ
ЭМОЦИЯ	ВИЗУАЛИЗ
КӨРКӨМ	

31 - Coffee

```
К С Л Ш У К С Ю Р Й Ц К К Г
А И У У С Р О Л Й О Й Е И Я
Р Ж У Ю І Ң Г Ф Ж М Щ Л С Ф
А І Ч Ұ К Е Б Г Е Й Ч И Л Й
А Ы А Я У Т Ү С У И У П О Д
Б Ь І Ц Д Р У Г У Л Н Ч Т Н
Ы Р Л Ү Н Э Ц К Т Б Ю Ы А Я
Б Ф У Ь У Ү І Щ Т Ы И К Г Ц
І У Ш Ү С А Ъ Д А А М К К Ь
А Б Ш Т У Й П Ш Т Ж Ө А Р Б
Е К Д Ү У Ч Ө Й Ч Ө К Н Е Р
Д Ъ Ч Ұ С И Г Ұ Л Н У Ж М Ж
Ұ Ө Ф А Б В Е Ф Н Й А І У Й
Ұ Ұ Й Т А Г П Ң Ң У Н А Ю И
```

КИСЛОТА	АКЧА
СУУСУНДУК	СУЮКТУК
АЧУУ	СҮТ
КАРА	ЭРТЕҢ
КОФЕИН	КЕЛИП ЧЫККАН
КРЕМ	БАА
ЧӨЙЧӨК	ТАТТУУ
ОЙЛОР	СУУ
ДААМ	

32 - Colors

```
М  А  А  Л  Ы  М  А  Т  Т  А  Р  Ү  К  К
С  С  Р  У  С  Е  Р  У  У  Т  А  С  Ө  Р
Ү  Ө  Е  А  А  П  Е  Л  Ь  С  И  Н  К  И
Л  Ы  З  Ы  К  Ж  Ф  Ү  І  К  Щ  Н  Ь  М
Ө  Л  М  Б  С  А  Д  Й  А  М  Ы  Г  Й  С
Г  Е  Ң  О  Ш  Ф  Ш  Б  С  С  С  Ң  О
Ұ  Ү  Т  З  А  Ы  Р  Р  Ч  Е  А  Ү  К  Н
С  А  Р  Ы  Ү  Л  Ю  Е  И  П  Я  Г  А  А
П  У  Г  Ц  Ф  Т  Ы  О  Г  И  Д  Н  И  К
К  Ө  Г  Ү  Л  Т  Ү  Р  Г  Я  Б  Ы  Ш  Х
Й  Л  Я  Ң  Ұ  Г  М  А  Г  Е  Н  Т  А  У
Х  И  Ь  Ц  Ы  Ф  Щ  Н  Ъ  Ч  А  Ө  Г  О
Р  М  Ө  Й  Ю  Ұ  О  Х  Х  Х  Ц  А  Ч  Ъ
С  С  С  Д  Д  Ю  Ъ  Г  Ұ  Г  Л  Е  Ь  Ц
```

МАЙДА	МАГЕНТА
КАРА	АПЕЛЬСИН
КӨК	МААЛЫМАТТАР
КРИМСОН	САТУУ РЕСУРС
КӨГҮЛТҮР	КЫЗЫЛ
КЫСКА	СЕПИЯ
ЖАШЫЛ	АК
БОЗ	САРЫ
ИНДИГО	

33 - Climbing

```
Б Ж Ң У Т Ф Ч Г М Ф Я К В Б
И К Ы К Ч Л Б М Е И Щ Ы К Ө
Й Ы Ү Я Ү І М Ф Й З Ш З У К
И Й Ң Т К Щ П Р Л И П Ы Л А
К Ы Ь У Ъ Т Д Р Е К Я Г У Р
Т Н Ж У Ь У О Щ Г А В У У Т
И Ч П Л Я Е Ю О Е Л Т У Т А
К Ы И Г И Щ Х Ц Т Ы А Ц К П
Ү Л К А К А Р А Ж К Р К У Ф
Д Ы У Н Н А Т М О С Ф Е Р А
З К Б Ф И Ц Ф Ұ Й Д Й Х У С
Ө Т А А Т Р Е П С К Э Щ Т Ю
С А Т Ң О Р Ф П О Д Ұ Ч А У
С Р В С Б С Р Ъ Ш Г Ы І Ң Е
```

БИЙИКТИК	ЖЫЯКТОО
АТМОСФЕРА	ЖАРАКА
БОТИНКИ	КАРТА
СӨЗДҮК	ТАР
КЫЙЫНЧЫЛЫКТАР	ФИЗИКАЛЫК
КЫЗЫГУУ	ТУРУКТУУЛУК
ЭКСПЕРТ	КҮЧ
МЕЙЛЕГЕ	КУБАТ
ТУУЛГАН	

34 - Shapes

```
П  Я  О  Б  Т  Й  У  М  Ж  Ь  Я  А  А  Ж
Ц  И  Ч  К  Ұ  Щ  Н  Ө  Я  Ю  Т  Я  Ъ  Т
Е  Н  Р  Е  Т  К  И  Т  Е  Т  Ң  Н  Ч  Ө
Ш  И  У  А  В  В  Л  Ъ  М  Б  О  Т  С  Р
К  Л  Б  М  М  С  Ф  Е  Р  А  Ү  Ы  Д  Т
Г  Д  Н  П  А  И  Т  Е  Г  Е  Р  Е  К  Б
Э  Н  Я  Н  Ү  Ф  Д  С  М  А  Ү  Д  Д  У
П  Л  Щ  О  А  Ы  Г  А  Ж  Ь  Т  І  К  Р
Р  Ф  Л  Г  И  П  Е  Р  Б  О  Л  А  Н  Ч
И  Т  Л  И  Ы  Ч  К  У  Б  И  Й  Р  И  Т
З  Г  А  Л  П  Ч  Ү  Б  Н  К  Т  И  С  У
М  Ү  С  О  О  С  С  Ү  Х  О  Р  Ж  Ю  К
А  Ч  Г  П  С  Ү  Г  Х  Ь  Ү  К  Ч  Ч  Ң
Ү  Ч  Б  У  Р  Ч  Т  У  К  Ф  І  О  Ө  Б
```

ЖАА	СОПЫ
ТҮРҮ	ПОЛИГОН
КОНУ	ПРИЗМА
БУРЧ	ПИРАМИДА
КУБ	ТӨРТ БУРЧТУК
ИЙРИ	ТЕГЕРЕК
ТЕТИКТЕР	ЖАГЫ
ЭЛЛИПС	СФЕРА
ГИПЕРБОЛА	АЯНТЫ
ЛИНИЯ	ҮЧ БУРЧТУК

35 - Scientific Disciplines

```
Б Ь Н И Н Я Я И М О Т А Н А
М Ң Я И Г О Л О Р В Е Н Д Ш
Ю Р О А Я И М О Н О Р Т С А
Э К О Л О Г И Я О П М М А Г
Ф М Б Д Ө Г Ө Ь Р Н О И Р Е
Б И О Л О Г И Я У Б Д Н Х О
Й Д Ф Д И І И Л С Л И Е Е Л
Я И Г О Л О И З И Ф Н Р О О
З О О Л О Г И Я Я Ф А А Л Г
Х Ч Б А Т К Е Н С Х М Л О И
С О Ц И О Л О Г И Я И О Г Я
М Е Х А Н И К А С Ы К Г И Ч
І Б И О Х И М И Я Ө А И Я П
Л И Н Г В И С Т И К А Я М Ю
```

АНАТОМИЯ	ЛИНГВИСТИКА
АРХЕОЛОГИЯ	МЕХАНИКАСЫ
АСТРОНОМИЯ	МИНЕРАЛОГИЯ
БИОХИМИЯ	НЕВРОЛОГИЯ
БИОЛОГИЯ	ФИЗИОЛОГИЯ
БАТКЕН	СОЦИОЛОГИЯ
ОРУСИЯ	ТЕРМОДИНАМИКА
ЭКОЛОГИЯ	ЗООЛОГИЯ
ГЕОЛОГИЯ	

36 - Science

```
М О Г Р А В И Т А Ц И Я Й К
Ө А Р У Г Б А Я Н Д О О Я Л
С Я А Г Я И Ц Ю Л О В Э О И
Y Ж С Л А Ю П Ъ Ъ Х Ф Х Л М
М А Ө Ө Ы Н О О Л Ц М М Р А
Д Р Ө Ф Ж М И I Т Й О А А Т
Y А К Ы Й Я А З Р Е Ұ Ь Л И
К Т Т П Y О А Т М Ө З Ы Л Е
Т Ы Ө Х И М И Я Л Ы К А У Т
Ө Л Р Т Н Е М И Р Е П С К Э
Р Ы Ъ Ф I К Ь С О У К Е Е П
Ы Ш К А Ж Ь Ф У Д Ө Р Ұ Л Н
И I Г К Й Ш Ъ Р Ь Ұ Щ С О I
И П Й Т Р Я А О А Ь Я Ц М Ж
```

БАЯНДОО	ГРАВИТАЦИЯ
ХИМИЯЛЫК	ГИПОТЕЗА
КЛИМАТ	ЖАКШЫ
МААЛЫМАТ	МОЛЕКУЛЛАР
ЭВОЛЮЦИЯ	ЖАРАТЫЛЫШ
ЭКСПЕРИМЕНТ	ОРГАНИЗМ
ФАКТ	ОРУСИЯ
СӨӨКТӨР	ӨСҮМДҮКТӨР

37 - Beauty

```
Э К Л Ы Ф И Ү Б Ө Н Ч Ф Р П
Л О Ң И У Т Ү Ө В Ж Ы О А У
Е С С Р П Ш З Л Ө У И Т Т Р
Г М Т Е Х С Ү М Ө Л Ц О Т Е
А Е И Т М К Т Ө Й Ш Б Г А Ъ
Н Т Л И Е Ф Ү И Ү В Ү Е М Ц
Т И И Ц Ж У Ч Е К Ұ Ш Н З Т
Н К С Ь Ы Ш А М П У Н Д Ы М
О А Т Щ Т Ж Ы Т М И Й И К Ү
С Ф У Ы Т А Ж Ы Ч Й А К Ң Ы
Т Л П Р А Т Ш Ы Н А Л Й А Б
Ь Ц Ш О Р А Л Й А М Ю У Б Ъ
М Ц Й П Ю Ф В І М Ч Ж Д Е Ц
Е Ф Ы А Щ Ч Х Ч Щ Ң Щ Ю А К
```

КҮЙӨӨ	КИЙИМ
БУЮМ	МАЙЛАР
КОСМЕТИКА	ФОТОГЕНДИК
БАЙЛАНЫШТАР	ЖЫТ
ЭЛЕГАНТНОСТЬ	КАЙЧЫ
БӨЛМӨ	КЫЗМАТТАР
ЖЫТТАР	ШАМПУН
ЛИПСТИК	ТЕРИ
ТҮЗҮҮ	СТИЛИСТ

38 - Clothes

```
Ю І И К Ш Н Т І Ц Ч Й Б І М
М Б Г Р А Л Я У К О О У Ы И
О Ц К Т П М Е Й Л Е Г Е С Й
Х П Д А А Ч К Ы П Ю Ұ О Н И
Ң Ъ Ф Д К І Ұ Ы Ы Ү Ү Р И К
З Е Р Г Е Р Ң Б С С У У Ж Т
С А Н Д А Л Д А Р К Ɵ С Д У
Б Е Л Д Е М Ч И Д М А Ч Ɵ Б
М О Д А Ш Т Е С А Р А Б Н
Д Е Ч Ь Ң Р К Г Н К Н Ң П Ч
Х Ы Ч Ұ Р К И Й И Н К И Ж Ц
Й Ш А К З У Л Б А Я Н Д О О
Р О Й Н О К К И Й И М И Ъ А
Х Ш Г Я Ю Ю О Ɵ Щ М Л Я Ц М
```

БЕЛДЕМЧИ	КИРҮҮ
КУР	КИЙИМ
БЛУЗКА	КЫСКА
БАРАСЕТ	САНДАЛДАР
КИЙИНКИ	ОРУСЧА
МОДА	РОЙНОК
МЕЙЛЕГЕ	БУТ КИЙИМ
ШАПАК	ЮБКА
ДЖИНСЫ	БАЯНДОО
ЗЕРГЕР	ОКУЯЛАР

39 - Ethics

```
Г Я А Д А М Ң Ц А Ф А Щ Д Ц
У Й К К К З И У Х И К О И И
М Х Ы У Ы И К Ұ Ь Л Ы Я П Н
А А З Л М Л У Ю О О Л Ү Л Д
Н А М У М А Д Б П С Ш Щ О И
Д Л А У Ъ Е Н У М О Ц Г М В
У Т Т Д С Р У У У Ф Е Ѳ А И
У Р Т М Ф Ь Т Т Б И Г Н Т Д
Л У А А Л О У Т С Я Я Н И У
У И Ш Д А К Б А Ф К Т Е Я А
К З У Ы М З И М И Т П О Л Л
Ы М У Ч Ж И А Р Ы Д А К Ы И
Е К И Д Р Е К У Р О О Б К З
Ч Ы Н Ч Ы Л Д Ы К Т Ь Ѳ Р М
```

АЛТРУИЗМ	БУТУНДУК
БООРУКЕРДИК	ОПТИМИЗМ
КЫЗМАТТАШУУ	ЧЫДАМДУУЛУК
КАДЫР	ФИЛОСОФИЯ
ДИПЛОМАТИЯЛЫК	АКЫЛДУУ
ЧЫНЧЫЛДЫК	РЕАЛИЗМ
ГУМАНДУУЛУК	УРМАТТУУ
ИНДИВИДУАЛИЗМ	АКЫЛ

40 - Insects

```
Ц К Ө Л Ө П Ө К Ъ Ц І П І Б
Ф Ч Ы Б Ш К П С Ю Ы В Ң К Ш
Л Н Ұ С К Ж К Т Н Т А К Н І
Е Х Ф Я К Ұ И Р А Л Ы Р А А
А Д Е К Ю А Р И К Е Ъ Н Ы К
Т Е Р М И Т Ү Д А Д Б Н К С
Ө К А Н Т Л Ү Ш Р И Р А Л Р
Р Ь Ю П Р Х И Ұ А Б Ф Ү С У
Ү Ө Ж Е У И К Г Т У Ң Ь Х М
С Ң П Ы К Ң С В Й Г К Ү Ң У
К У Д А Й Л А Р Ы И Ь П Ь К
Ч Е Г И Р Т К Е Л Е Р В Х Я
Л И Ч И Н К А І Г А П Ө Ж Ю
Ы П И Ө С Ұ И О Ъ Ы У У Ц Ю
```

КУМУРСКА	КЫСКА
СҮРӨТ	ЛЕДИБУГ
ААРЫЛАР	ЛИЧИНКА
КӨПӨЛӨК	КИРҮҮ
БШК	КУДАЙЛАРЫ
ТАРАКАН	КАНТ
ИЙГИЛИК	ТЕРМИТ
ФЛЕА	БАС
ЧЕГИРТКЕЛЕР	КУРТ

41 - Astronomy

```
Ы К Я Б С У П Е Р Н О В А О
М Ө Й У И Ж М П Й Ү У У Ц Б
Е Р Ь Л Д И О Р Е Т С А Т С
Т С Х У К И Н Т У П С К В Е
Е Ө Й Т У Ф О Н Е Б У Л А Р
О Т Я Т Л Г Р Е Ж Ы Л Е Н В
Р А Й А К И Т К А Л А Г О А
И О С Р Т Ы С Х В Ф П Г Р Т
Т Ң К М М Е А И Ү Ұ Н К Т О
С Ы Ь У А Щ Н Ч Б Ы Ф В С Р
М Ц Д М Т Н Ң А Щ Ф Ө Т А И
Ш В У М М У П А Л Я Х П М Я
З О Д И А К У Ц Й П Ь Ь Н П
Ү Ү Ш Е Д Л Э К В И Н О К С
```

АСТЕРОИД	АЙ
АСТРОНАВТ	НЕБУЛА
АСТРОНОМ	ОБСЕРВАТОРИЯ
ЭЛДЕШҮҮ	ПЛАНЕТА
БУЛУТТАР	ОКУТУУ
ЖЕР	СПУТНИК
КӨРСӨТ	АСМАН
ЭКВИНОКС	СУПЕРНОВА
ГАЛАКТИКА	ЗОДИАК
МЕТЕОРИТ	

42 - Health and Wellness #2

```
Ж М Ч И Я Е У Ж И О Д Б Г О
Д О А Н Е И Г И Г О Д Ң Е О
Е С М А Щ Я Л П Д Р Ш Т Н Р
Н А І О Н І Ъ Х И У Е Ч Е У
С Л Ң Ү К А С С Е Р Т С Т К
О М И Ү Х Я Й Ч Т Ш Т Ү И А
О А О Р У С И Я А А К Г К Н
Л К У И А Н А Т О М И Я А А
У Ю Ъ Ң М А С С А Ж Ш Н У Н
К Ө Я И Г Р Е Л Л А Г Ф Ц Ф
К Г Й С Н И М А Т И В У Ч Ю
С Ь М Е Ң А П П Е Т И Т І Е
Ф Ұ С О Ы Ы К У Т К Ю У С Г
Ь Ш Щ Э Н Е Р Г И Я М К Е С
```

АЛЛЕРГИЯ	ГЕНЕТИКА
АНАТОМИЯ	ДЕН СООЛУК
АППЕТИТ	ООРУКАНА
КАН	ГИГИЕНА
ЖОМОК	ОРУСИЯ
СУЮКТУК	МАССАЖ
ДИЕТА	МААНАЙ
СИҢИРҮҮ	СТРЕСС
ООРУ	ВИТАМИН
ЭНЕРГИЯ	САЛМАК

43 - Time

Ж	О	М	В	И	А	Ш	Л	Ы	К	С	Ф	У	Т
А	Ү	Ү	Н	Ч	Б	Ү	Г	Ү	Н	Ы	Я	Х	Г
К	Ж	Н	Ү	Т	Р	Т	Н	Ң	К	Н	Л	С	А
Ы	А	Ө	А	Ы	Ш	Ұ	К	Б	Р	Ь	Ы	Ы	Ю
Н	З	Т	Й	К	В	К	Й	Т	А	Р	Ж	Б	М
Д	Ы	Ж	Г	Е	Ф	Ы	Е	Ң	Д	Б	Р	Ф	С
А	Р	Ы	С	Ч	Д	Д	Т	Л	Н	И	Й	Е	Ч
Ц	Ю	Б	Ч	Е	Б	Л	Р	Д	Е	Ң	К	Т	Е
Щ	В	Ү	Ө	Д	Н	Ы	Э	Я	Л	Ч	Я	Ю	Ц
К	Д	Ч	Ұ	Ш	Л	Ж	Э	Ж	А	Ө	Е	Ш	Д
О	Н	Ж	Ы	Л	Д	Ы	К	Р	К	І	Ц	К	Ю
У	Ү	А	Г	И	У	Р	Ө	Х	Т	А	Ъ	М	Ң
Х	К	Ж	У	М	А	Ү	Б	В	П	Е	А	А	Ң
Ь	С	А	А	Т	Б	Ч	Ы	У	Н	Ш	Ң	Щ	Л

ЖЫЛДЫК	АЙ
ЧЕЙИН	ЭРТЕҢ
КАЛЕНДАР	ТҮН
КЫЛЫМ	ТҮШ
СААТ	АЗЫР
КҮН	ЖАКЫНДА
ОН ЖЫЛДЫК	БҮГҮН
ЭРТЕ	ЖУМА
КЕЛЕЧЕК	ЖЫЛ
МҮНӨТ	КЕЧЕ

44 - Buildings

```
Э И О Д Ц О О К М К Ө Ч Ъ Ү
Л Т И Ф Ү Н Р А Б У И В І Д
Ч Г Ы Р А И О Б Ү Ъ З Р Д С
И С А Л Н К Х А І Н Р Е Ү Г
Л Е А Н А К У Р О О Т Х Й Ү
И П Н Р К Й О Е А С Й Ш Е П
К И Ф Т А Ь Й А В Ч Ұ Ц Х Я
Щ Л А А Т Н О И Д А Т С Р Щ
В П К Е А Ю У Ү Г Ө Г В Ұ Ш
Б О Л Т Ж Ю М Я Й Т К В Ц
Ж К В А Р Т И Р А Н Ъ Я Ү Ы
С У П Е Р М А Р К Е Т Ь Д Ь
М Е К Т Е П Ч А Т Ы Р М Ү Г
Н Ө Д З А В О Д Щ С Д Ю Е І
```

КВАРТИРА	КИРҮҮ
БАРН	МУЗЕЙ
КАБАР	МЕКТЕП
СЕПИЛ	СТАДИОН
КИНО	СУПЕРМАРКЕТ
ЭЛЧИЛИК	ЧАТЫР
ЗАВОД	ТЕАТР
ООРУКАНА	МУНАРА
ЖАТАКАНА	

45 - Philanthropy

```
Ү  К  Г  М  Ɵ  І  Ж  А  Ш  Т  А  Р  Т  Р
П  Р  О  Г  Р  А  М  М  А  Л  А  Р  А  В
Ч  Ы  Н  Ч  Ы  Л  Д  Ы  К  У  Р  Й  Р  Д
Ф  Р  А  Т  К  Ы  Л  Ы  Ч  Н  Ы  Й  Ы  К
К  Ч  К  А  Р  Ж  Ы  Щ  П  В  Ч  Л  Х  О
К  А  Й  Р  Ы  М  Д  У  У  Л  У  К  Л  О
Т  Б  Ъ  А  Ɵ  Ұ  Ф  О  Я  И  С  С  И  М
О  Ф  Ч  Д  Г  Л  О  Б  А  Л  Д  Ы  К  Ч
П  Т  Ю  М  К  О  О  М  Д  У  К  Ы  Н  У
Т  Ұ  Р  А  Т  Т  А  Ж  А  Р  А  К  Н  Л
О  К  И  Д  Н  Е  Ш  Е  Р  Е  Б  Ю  Х  У
Р  Д  Р  А  Т  Т  К  А  Т  Н  О  К  Л  К
Г  У  М  А  Н  Д  У  У  Л  У  К  О  Ы  Х
М  А  К  С  А  Т  Т  А  Р  А  Д  Л  А  Б
```

КЫЙЫНЧЫЛЫКТАР	ТОПТОР
КАЙРЫМДУУЛУК	ТАРЫХ
БАЛДАР	ЧЫНЧЫЛДЫК
КООМЧУЛУК	ГУМАНДУУЛУК
КОНТАКТТАР	МИССИЯ
КАРЖЫ	АДАМДАР
КАРАЖАТТАР	ПРОГРАММАЛАР
БЕРЕШЕНДИК	КООМДУК
ГЛОБАЛДЫК	ЖАШТАР
МАКСАТТАР	

46 - Gardening

```
Б О Т А Н И К А Л Ы К Ъ А Ѳ
С Э К З О Т И К А Л Ы К Р М
Р Е Н Й Е Т Н О К Ж Л М Ы Г
К Б З Ы Ф Б Ы Т Ъ Ъ Ы П С Х
Ш В Н О К Ү Ш А М Г У Я К Т
А Ұ О М Н Н Ы М Д У У Л У К
Д Ұ Ц О У Д И И О Р Ф Ф Я А
Г Н А Л Ш С У Л Б Ч А Ь Ф Р
Х Ү Л К Ш Б П К Р М С Ч Ү У
И Ж Л У Р У К Т А Р У Р Р П
Ж А Л Б Ы Р А К У Ѳ У И Я О
К О М П О С Т К И Р У Ф Я Т
Ч М Щ Ы Н И Ү Д Б У К Е Т Б
Ж А Л Б Ы Р А К Т А Р Ф Ү Ь
```

БОТАНИКАЛЫК
БУКЕТ
КЛИМАТ
КОМПОСТ
КОНТЕЙНЕР
КИР
ЭКЗОТИКАЛЫК
ГҮЛ
ЖАЛБЫРАКТАР

ШЛАНГ
ЖАЛБЫРАК
НЫМДУУЛУК
ОРЧАРД
СЕЗОНДУК
УРУКТАР
ТОПУРАК
СУУ

47 - Herbalism

```
П А Й Д А Л У У И Г Б Ю О Ц
Л А В А Н Д А Ұ С Ү Ы Ъ Р Т
И С А Р Ы М С А К Л Ь Ц Е Щ
Н Б Я Э С Т Р А Г О Н Ж Г М
Г К И Л И З А Б И Ұ О Ш А И
Р Д Р Г А К К У Р Т Е П Н Н
Е А А М А Р О Ж Р А М Т О Т
Д А Н Б Б Н О Р Ф Ф А С Ң У
И М И Ы Щ І Г М Б Т Ш М К Х
Е Ь Л Е Х Н Е Ф А Б С Ю Е Ю
Н У У Ы Ю Ю Б В С Т М Е П Щ
Т Ж К С Ш Ү П А Щ Ү И Г Ж Ф
Ш Р О З М А Р И К Я Ш К С Ж
О И Х Ж П Ң Ж Ө С Ү М Д Ү К
```

АРОМАТИК	ИНГРЕДИЕНТ
БАЗИЛИК	ЛАВАНДА
ПАЙДАЛУУ	МАРЖОРАМ
КУЛИНАРИЯ	МИНТ
ФЕНХЕЛЬ	ОРЕГАНО
ДААМ	ПЕТРУККА
ГҮЛ	ӨСҮМДҮК
БАК	РОЗМАРИ
САРЫМСАК	САФФРОН
ЖАШЫЛ	ЭСТРАГОН

48 - Vehicles

```
Ж П Ж П В Д К Ө Л Ө Г Ң Ө Д
А О Ү С О Л Ъ И С К А Т Д Ң
З Е К Р О Т К А Р Т Е Щ Ү Ч
Ы З Т И Я М Е Я А Ү Е П О Ы
Л Д А Ф Ң Р И З А Л Ү Е Я К
У Х Ш Ү Д Я Ұ К Ж А Г К Т Т
У П У К І Б Ъ Ж У А Л Ө К А
Т Й У С Ъ Л Ш Р Ь Ч Р М Ы Д
Ч Р Ч У О К У Т У У А Д Й Л
Х Ю У Б Я Р У К А Р М К А Ы
Ө П Н О Ж Ө Б Б Ц Д Я О К М
В Е Р Т О Л Е Т Ъ Ү Ң О Н Й
П У Я В В Е Л О С И П Е Д Ы
П Ы Ф А Х Л Н М Е Т Р О Й К
```

УЧАК	КИРҮҮ
ТЕЗ ЖАРДАМ	ОКУТУУ
ВЕЛОСИПЕД	МЕТРО
КАЙЫК	ТАКСИ
АВТОБУС	ДӨҢГӨЛӨК
КАР	ТРАКТОР
КЫЙМЫЛДАТКЫЧ	ПОЕЗД
БУУ	ЖҮК ТАШУУЧУ
ВЕРТОЛЕТ	ЖАЗЫЛУУ

49 - Flowers

```
К  К  Я  Ш  У  А  Л  У  Д  Н  Е  Л  А  К
Ы  Ү  А  К  Т  И  Р  А  Г  Р  А  М  С  Г
Р  Н  Ъ  Р  Е  С  Е  Т  В  Р  О  Д  Й  У
Г  К  Ц  Й  К  Я  Н  С  Ж  А  І  Р  И  Ж
Ы  А  П  Л  У  И  О  Г  Ф  Т  Н  Щ  Н  О
З  Р  Г  Й  Б  Р  И  Щ  Ь  Т  И  Д  Г  О
Ч  А  Ж  Л  Ф  Е  П  Ұ  Е  А  М  С  А  Г
А  М  А  І  М  М  Ь  В  І  Ж  С  Р  М  А
Х  А  Ч  Ж  Ц  У  Т  Е  И  А  А  Ѳ  Ү  З
Д  А  Н  Д  Е  Л  Ь  О  Н  Р  Ж  Х  Й  Ы
П  О  П  П  И  П  Н  Й  Ж  А  Е  Ж  С  Н
Ъ  Р  К  Л  О  В  Е  Р  Ц  К  Ѳ  Т  Я  А
О  Н  Й  Г  И  Б  И  С  К  У  С  Д  Ш  Л
Б  А  Г  Ы  Т  Т  О  О  П  П  Й  Й  П  И
```

БУКЕТ	МАГНИЙ
КАЛЕНДУЛА	ЖООГАЗЫН
КЛОВЕР	БАГЫТТОО
МАРГАРИТКА	ПИОНЕР
ДАНДЕЛЬОН	ИШТЕРИ
КАРАЖАТТАР	ПЛУМЕРИЯ
ГИБИСКУС	ПОППИ
ЖАСМИН	КҮН КАРАМА
ЛАВАНДА	КЫРГЫЗЧА

50 - Health and Wellness #1

```
Ү Ф Ө И Р Е Т Х Б В И Р У С
М Ь О Ш У Щ Ү Ү И Г Д Ү С К
И Р Ө Т К Ө Ө С Й Ж Ұ А И Ж
Ы Х Ұ Е А К Ч А И Г У Ұ Р Ө
Н Т Ц Т Б Д Ұ Л К У Ф Ы І Ы
Э Е Й Ү М Ю А К Е Т П А Ш А
С Ж Р Ү Г О Р М О Н Д О Р К
А А О В Р Е Ф Л Е К С Ц Е Т
Л Р Т О Д Т Е Р А П И Я Ұ И
У А К Н А Е Ы Л Ы А В П Ж В
У К О Л Е Г Р Х Ң Ө Ө Ю Н Д
Р А Д Н У Ч Л У Б Г Ю Л Ұ Ү
Б А К Т Е Р И Я Л А Р Р Я Ү
К Л И Н И К А О К Г Л Б Ұ Х
```

АКТИВДҮҮ	ДАРЫ
БАКТЕРИЯЛАР	БУЛЧУНДАР
СӨӨКТӨР	НЕРВДЕР
КЛИНИКА	АПТЕКА
ДОКТОР	РЕФЛЕКС
АДАТ	ЭС АЛУУ
БИЙИК	ТЕРИ
ГОРМОНДОР	ТЕРАПИЯ
АЧКА	ИШТЕТҮҮ
ЖАРАКА	ВИРУС

51 - Town

```
У Ф Н Ө К Ү Д Г Р Ы Ү Ұ И Р
Л Н Е А Н О И Д А Т С И Ы С
Щ К И Ү А К И Н И Л К Ч Щ Б
Н И Ө В Т Б Ъ Т Б Т Е К І Ю
К Т Т Ү Е Г А В О С В Р П Ъ
А Е Е Г К Р Н Й Е З У М Е Ү
А П А Е Р А С Л К Н А Б Т Я
Э К Т Ш А З Й И В А Т Р К А
Р А Р Д М А К Ы Т Ұ Н Л Е П
О Н И К Р Б Ь Ө Ъ Е И А М Т
П А Ф Н Е К И Р Ү Ү Т Ъ Р Е
О К Р А П О О З Ү К А Ф Е К
Р Б Ц Ф У П Н Ю Ю Ц И Ө Ф А
Т Р Ө Т С Ү Т Ж Ш К Ц Ц Х Г
```

АЭРОПОРТ	БАЗАР
НААБАЙКАНА	МУЗЕЙ
БАНК	АПТЕКА
КАФЕ	МЕКТЕП
КИНО	СТАДИОН
КЛИНИКА	ДҮКӨН
ТҮСТӨР	СУПЕРМАРКЕТ
ГАЛЕРЕЯ	ТЕАТР
КИРҮҮ	УНИВЕРСИТЕТ
КИТЕПКАНА	ЗООПАРК

52 - Antarctica

```
С А К Т О О А М Б Ч Б Щ Ө К
К Ы Р А Ж Я Р И У Т Ө Я Л Н
Г О К М У З А Г Л О Й Й А І
Л Е Н Л Щ Й Л Р У П З И Р Р
И В О Т В И Д А Т О И Л А Ө
С У У Г И Ь А Ц Т Г Л И М Л
Ю Т Н Ң Р Н Р И А Р Д М Ы Ү
Е Ш Ұ Щ И А Е Я Р А Ө И Р Г
Г Б Н У Ъ Ъ Ф Н Ү Ф Ө Й А Ң
Ц Л І О С Ү Ю И Т И Ч Б Ж Ө
Б У Х Т О Ч К А Я Я Ү Е Т М
Т Е М П Е Р А Т У Р А Й Ұ Е
К А Н А Т Т У У Л А Р Ш Ъ И
Л К Э К С П Е Д И Ц И Я И В
```

БЕЙ	МУЗ
КАНАТТУУЛАР	АРАЛДАР
БУЛУТТАР	МИГРАЦИЯ
САКТОО	ЖАРЫМ АРАЛ
КОНТИНЕНТ	ИЗИЛДӨӨЧҮ
БУХТОЧКА	ЖАРЫК
ЧӨЙРӨ	ИЛИМИЙ
ЭКСПЕДИЦИЯ	ТЕМПЕРАТУРА
ГЕОГРАФИЯ	ТОПОГРАФИЯ
МӨҢГҮЛӨР	СУУ

53 - Ballet

```
Ш Ү Х Б Ч И Т М Ж Д Ь Ы К О
И П О У А Х А У А П М М О Р
Ч Т Р Л Е Е А З Р Щ С Ы М К
О Е Е Ч Ж С Н Ы Д Т Д Р П Е
О Х О У Д И Ы К А Ж Ү К О С
У Н Г Н Г И Ш А М У П А З Т
Г И Р Д У Д Ө У Ө Б Р Й И Р
Х К А А Ұ Ү Ч Ү К И А Ң Т А
Ң А Ф Р Щ Б Ұ Я Р Й К К О Т
А Н И Р Е Л А Б Ө Ч Т Д Р К
Ц В Я С Т И Л И К И И Ч Ң А
К Ы З М А Т Т А Р Л К Ұ Ұ Б
У С Ү Р Ө Т Ч Ү У Е А Ү О А
Р Е П Е Т И Ц И Я Р В Х І С
```

СҮРӨТЧҮ	БУЛЧУНДАР
ЖАРДАМ	МУЗЫКА
БАЛЕРИНА	ОРКЕСТР
ХОРЕОГРАФИЯ	ПРАКТИКА
КОМПОЗИТОР	РЕПЕТИЦИЯ
БИЙЧИЛЕР	ТААНЫШ
КӨРКӨМ	КЫЗМАТТАР
ЫМЫРКАЙ	СТИЛИ
КҮЧҮ	ТЕХНИКА
САБАКТАР	

54 - Fashion

```
І З Э М Б Р И Д Д Е Р Ц П Щ
Р А Т Ч Ы К С А Б Ү Л Г Ү Ұ
О М Ң Ь В Ь У Х М Ч М Ұ О Я
Р А О К Ы Л А К И Т К А Р П
И Н А Д И О У Ъ Н Ч В Л Ж Т
Г Б Д Ъ Ч Т О Ы И Р Х Ю Ъ А
И А Т Р Ъ П У Ш М Ө М Л Ө Б
Н П І Т Ы Г А Б А Л Ж А Ұ М
А К М Ұ К Ш К Ъ Л Ч Ө А Й Ы
Л І Ф И Ұ И Ж К И Ө Н Т Ч К
Ы Ң Г А Й Л У У С Ө Ө А Ъ С
Р Д Ұ Д Ч И Р Р Т Л К Т Ъ О
Н М Я Г Ф Т К А Н Ө Ө Д Ж Ө
Ю А Р У Т С К Е Т Р Й О О Х
```

БУТИК	ЗАМАНБАП
БАСКЫЧТАР	ОРИГИНАЛ
КИЙИМ	ҮЛГҮ
ЫҢГАЙЛУУ	ПРАКТИКАЛЫК
БӨЛМӨ	ЖӨНӨКӨЙ
ЭМБРИДДЕР	ТАТААЛ
КЫМБАТ	СТИЛИ
КРУЖКА	ТЕКСТУРА
ӨЛЧӨӨЛӨР	БАГЫТ
МИНИМАЛИСТ	

55 - Human Body

```
Р Ц Р С Ж Ч Ы К А Н А К М Н
С Ю М Ф Ү Я Ф Г А Й Ъ О А О
І П О М Р Т Ф М Ц А Щ О Н Й
Ь Н Ю Е Ѳ Х Э Р Т Ж З Ж Ч
М Д Н Ь К О К Э В О Я Ң А М
Ы П Ж Ы Щ Щ П І П Г И Й И Н
Ф К А Н Ү Л Ц У Ф Ң Ш П Д У
О Щ Б Ч И Н Д У Т И З Е Ч Р
У Ш Ж Л Ү К Е Г Ѳ У Ж Г Л У
О О Я Е Ь О Г У Ш А Б Ү Ы М
Л Т Е Р И Л Ы И Х Ч Г Ж З Ц
Е Ұ П У П Ф Р Т Н Ь Ы Н Ы Ф
Ц Ч Б Я Ж Ч Е В Ъ Ы Г В К Й
С Ѳ Ѳ К Т Ѳ Р Л Ч У Е Р Ұ С
```

КЫЗЫЛ	БАШ
КАН	ЖҮРѲК
СѲѲКТѲР	ЖААК
МЭЭ	ТИЗЕ
ЧИН	БУТУ
УГУУ	ООЗ
ЧЫКАНАК	МОЮН
ЖҮЗ	МУРУН
МАНЖА	ИЙИН
КОЛ	ТЕРИ

56 - Musical Instruments

```
Ү  Б  К  Г  Х  Й  Ч  Ү  Ү  Ұ  Ң  Н  К  Л
Х  Ф  И  А  Ч  З  Ы  Г  Р  Ы  К  Ю  Ұ  Ш
И  Т  Р  Р  Г  О  Ю  Н  Д  А  Р  Н  Ш  Ф
А  С  Ү  М  С  И  Р  Е  Т  Ш  И  И  М  П
Ю  Ь  Ү  О  Х  А  Т  А  К  П  И  Р  К  С
Ң  Л  Н  Н  Щ  Б  К  А  Р  Н  Й  У  Ұ  Н
Ц  Е  Т  И  А  М  Д  С  Р  Щ  Ш  Б  Б  Й
О  Ч  С  К  Ч  И  Г  Ц  О  А  Я  М  Т  Т
Ч  Н  Я  А  І  Р  В  О  Д  Ф  Р  А  Р  У
Ө  О  С  О  Ң  А  П  Г  Н  С  О  Д  У  Ң
Х  Л  Н  О  Б  М  О  Р  Т  Г  Т  Н  П  В
Ч  О  О  Р  Б  А  С  О  Н  Ұ  Ь  Б  Е  Ң
Я  И  С  У  К  Р  Е  П  Х  І  Й  Ө  Т  І
Н  В  Я  Т  Д  Й  М  А  Н  Д  О  Л  И  Н
```

БАСОН	МАРИМБА
ВИОЛОНЧЕЛЬ	КЫРГЫЗЧА
КИРҮҮ	ПЕРКУСИЯ
ИШТЕРИ	ОЮНДАР
ЧООР	САКСОФОН
ГОНГ	ДАМБУРИН
ГИТАРА	ТРОМБОН
ГАРМОНИКА	ТРУПЕТ
АРФ	СКРИПКА
МАНДОЛИН	

57 - Fruit

```
Ь А М Л А Ұ Я С Ү У П К Р К
Ө М Л Г Ч Ө О У П Я Ч Й М И
Й А Ш М Ю Ұ А Ъ Д Ө Ө У И Р
Ц Н А Ү У С Ж П Г Ж А У Р Ү
П Г Р З М Р А Д М Ю У Б Р Ү
А О Т Ү Т Ұ У Ч Ъ Ж Ф Ң Е А
П Б Т Ж А Ш Ұ Т В Я Г Ұ Б В
А Д А Р А С П Б Е Р Р И Й О
Й Ө Р І Ш А Б Д А А Л Ы А К
Я Д Ы Х Ш Р Б Р Щ Б Л О Н А
О К А П Р И К О Т Г И Ф А Д
І Ф О К Ы З М А Т Т М И Н О
Ы Г Ң О К Ү Ь Ь Ө Я О В А О
Ч Й Ы К Н Ы К А Ж Ң Н Ы С К
```

АЛМА	КЫЗМАТ
АПРИКОТ	ЛИМОН
АВОКАДО	МАНГО
КИРҮҮ	КООН
БЕРРИ	ШАРТТАРЫ
УЧУР	ПАПАЙЯ
БУЮМДАР	ШАБДААЛЫ
ФИГ	АЛМУРУТ
ЖҮЗҮМ	АНАНАС
ЖАКЫН	РАСПБЕРРИ

58 - Engineering

```
И К Е Ө Ө Т П Е С Э В Ь О Б
Ө Ы Я Л С Е Ү М Б У Р Ч С Ө
З Й Ф Ч Ь У О Ъ Ү К Ұ Г Ь Л
Г М Ң Ө Т Ү Ю Ы Е У І Й Л Ү
Ө Ы Е М Ф Я Ь К Ү Л О Б Е Ш
Ч Л Д Ү Ю И Х Ю Т Ь В З Т
Ө Д И Р Ү Г К С Ь У Б Ү И Ү
Л А А Ы Ъ Р Я Ү Л Т К Т Д Р
Ү Т Г Ч Ү Е И У Ч К А Х В Ү
К К Р А Т Н С К Н У Ф Ы Ж Ү
Т Ы А Г А Э Ь К У Р У Л У Ш
Ө Ч М Д Р М Л Ы Г У Ч Ы В Д
Р Ө М А Ы Г У І К Т І К Н Ң
Ү Щ А Р Х С П А Н И Ш А М І
```

БУРЧ	КЫЙМЫЛДАТКЫЧ
ОСЬ	КИРҮҮ
ЭСЕПТӨӨ	РЫЧАГДАР
КУРУЛУШ	СУЮКТУК
АКЫЛЫ	МАШИНА
ДИАГРАММА	ӨЗГӨЧӨЛҮКТӨРҮ
ӨЛЧӨМҮ	ПУЛЬСИЯ
ДИЗЕЛЬ	ТУРУКТУУЛУК
БӨЛҮШТҮРҮҮ	КҮЧ
ЭНЕРГИЯ	ТАРЫХ

59 - Government

```
А Д И Л Е Т Т Ү Ү Л Ү К С Ю
И Л О Ɵ Г Б Х Е Х З Ɵ С А Р
Г Р А Ж Д А Н Д Ы К Ң О Я И
С Й Н К И Л Е Т С Э Ф Т С Д
Г У У П К И Д Ң Е Т І У А И
М Г Ф К Ы Д Н А Р А Ж Й Т К
Ч А Щ Ф Т Е Ң Н Ш К Х Ш Э А
І Ъ З К Ч Р Л О В М И С Р Л
Я Ж Ц Й Н Д Г Й Х Т Т Р К Ы
У Л У Т Ы И Т А Л К У У И К
П С Д Щ Т М В Р Я Ц Ф С Н Ы
Д Е М О К Р А Т И Я Д Ɵ Д Ұ
М А М Л Е К Е Т Т И К Т И Ч
К О Н С Т И Т У Ц И Я В К Х
```

ГРАЖДАНДЫК	ЛИДЕР
ЖАРАНДЫК	ЮРИДИКАЛЫК
КОНСТИТУЦИЯ	ЭРКИНДИК
ДЕМОКРАТИЯ	ЭСТЕЛИК
ТАЛКУУ	УЛУТ
РАЙОН	ТЫНЧТЫК
ТЕҢДИК	САЯСАТ
СОТ	СӨЗ
АДИЛЕТТҮҮЛҮК	МАМЛЕКЕТТИК
МЫЙЗАМ	СИМВОЛ

60 - Art Supplies

```
Щ К С У У Ф Щ Ч М Ь С Ю У Ц
Р А Л А К Т Е Щ У Д Ұ И Я Ц
Т Г Э Р А З Е Р Н О Ц Й Я О
Ѳ А Б М А Р Е М А К Ѳ М Ү Р
Р З К А Ѳ С Р Ш Й Р Х В И Ш
А Ь Л А Ш Ѳ А К Р И Л И К Ү
Г У И Ц Б К Н Б Х Й Н Г М І
А Ь П И Ъ К А Ѳ Ж К Д Ѳ О Ч
Ѳ С Ъ Л Ш Е Ы А Т Ц В Ч Л О
Ц Т Ѳ Б Щ А С Ц Ю Ү Й А Ь П
Ч Ы Г А Р М А Ч Ы Л Ы К Б О
Ш Й П Т О Ү Ѳ О А Ю Л Р Е І
У В У А К В А Р О Л О Р Р К
Р И Ң Е Л Ю Г Б Г Р Ч Ш Т Ф
```

АКРИЛИК	КЛИП
ЩЕТКАЛАР	МѲѲНѲТҮ
КАМЕРА	СИЯ
ТѲРАГА	МУНАЙ
КѲМҮР	КАГАЗ
ЧОПО	БАШКА
ЧЫГАРМАЧЫЛЫК	ТАБЛИЦА
МОЛЬБЕРТ	СУУ
ЭРАЗЕР	АКВАРОЛОР

61 - Science Fiction

```
Т  Т  Ж  Ұ  Г  Ж  Й  И  Р  Т  У  А  К  Е
А  Е  А  Ю  А  О  В  Л  Ж  Р  Т  Е  В
Б  Х  Р  Ң  Л  Б  Я  Л  У  А  Ы  Ч  М  Ъ
Ы  Н  Ы  А  А  О  І  Ю  С  Т  З  М  П  Ұ
Ш  О  Л  Т  К  Х  Ц  З  Ж  Е  О  Н  И  К
М  Л  У  О  Т  Ө  Х  И  Л  Н  О  П  Р  Н
А  О  У  М  И  И  Р  Я  Р  А  К  Ң  И  Л
К  Г  С  Д  К  Г  Ж  Т  Ү  Л  Ф  Ж  М  Я
Т  И  Н  У  А  Ъ  Я  Р  Ү  П  К  Б  Ө  Д
У  Я  Ү  К  И  Т  С  И  Р  У  Т  У  Ф  Ү
У  Ұ  Я  И  П  О  Т  С  И  Д  А  Л  Н  Й
Р  О  Б  О  Т  Т  О  Р  К  Ш  Р  У  Л  Н
Э  К  С  Т  Р  Е  М  А  Л  Д  Ы  К  Ұ  Ө
Ю  К  И  Т  Е  П  Т  Е  Р  Ч  Н  Щ  Ф  Й
```

АТОМДУК	ИЛЛЮЗИЯ
КИТЕПТЕР	КООЗ
КЕМПИР	ТАБЫШМАКТУУ
КИНО	КИРҮҮ
ДИСТОПИЯ	ПЛАНЕТА
ЖАРЫЛУУ	РОБОТТОР
ЭКСТРЕМАЛДЫК	ТЕХНОЛОГИЯ
ӨРТ	УТОПИЯ
ФУТУРИСТИК	ДҮЙНӨ
ГАЛАКТИКА	

62 - Geometry

```
Ф О Р Е Р Ж Ч У Ъ Б У Р Ч Ѳ
Э С Е П Т Ѳ Ѳ Ы С Ы М Э Г Л
К С У Ч У Р Д А Г Ы Я Л О Ч
Ѳ А И И Щ Ф Я Л К П Т Е Р Ѳ
Н К Р М Й Н О Е С С А М И М
И И Ю Ж М Р Ю Х Х Ь Ү Е З Ү
У Г Ұ Н Ы Е И Г Ц Т Ч Н О Ш
Ъ О Г П П А Т Й Б Ң Б Т Н Ү
Ц Л Ь С Ѳ Е Е Р В Г У Т Т Л
Б И Й И К С Б Ң И Ъ Р Е А Ү
Б Ш К Г У Д Я Ч В Я Ч Р Л Р
С Е Г М Е Н Т Ю І Ұ Т Д Ь Ү
Ч А К Ы Р У У Ч С А У И Д Т
Ф П Ү И Р В Ц Ь Н Ы К Н В Ѳ
```

БУРЧ	ЧАКЫРУУ
ЭСЕПТѲѲ	ЫСЫМ
ТҮРҮ	УЧУРДАГЫ
ИЙРИ	ҮЛҮШҮ
ѲЛЧѲМҮ	СЕГМЕНТ
ЭЛЕМЕНТТЕРДИН	БЕТИ
БИЙИК	СИММЕТРИЯ
ГОРИЗОНТАЛЬ	КАРЖЫ
ЛОГИКА	ҮЧ БУРЧТУК
МАСС	

63 - Creativity

```
Д Р А М А Т И К А Л Ы К Ж Ш
Т А З А Л Ы Г Ы Р И Ч Ю А Б
Э Э М О Ц И Я Л А Р Щ Л Ш Ң
Т Л А Н Ы К Т Ы Г Ы Р К О К
Б А Е Ұ У Ю Ү Ъ Ө Д Б П О А
И К П С Ң Г Щ Ь И Е Ь Н М Т
Л Ү Ю К Т И Н Т У И Ц И Я Ө
Д Ч Ц Т Ы Е С Е З И М Д Е Р
И Ү В П М Ч Т П Ж У Д Ь К Ү
Р А Д Н Я А Т Ү Ч Т Ө Р У С
Ү Т Ө Н Ө Ө М Ы Ү И У Л Ц І
Ү Х Ұ Х Ч Ф І П К Ұ Л І Б Й
С П О Н Т А Н Д Ы К Б И Ф Л
С Е Н С А Ц И Я Х Г Ү Ц М Ж
```

СҮРӨТЧҮ	ЭЛЕСТЕТҮҮ
АНЫКТЫГЫ	ИЛИМ
ТАЗАЛЫГЫ	КҮЧҮ
ДРАМАТИКАЛЫК	ИНТУИЦИЯ
ЭМОЦИЯЛАР	ТАПКЫЧТЫК
БИЛДИРҮҮ	СЕНСАЦИЯ
СЕЗИМДЕР	СПОНТАНДЫК
МӨӨНӨТҮ	АЯНДАР
СҮРӨТ	ЖАШОО

64 - Airplanes

```
Б  А  Т  У  Р  Б  У  Л  Е  Н  Ц  И  Я  Ц
Р  Е  Т  Т  Н  И  В  Е  Ы  Т  П  Ж  Ұ  Б
Ш  І  С  М  Т  Ү  Ш  Ү  Ү  А  Г  М  Ж  А
А  У  У  Н  О  К  Е  Т  О  Р  Д  О  В  Г
Р  Ү  Ү  Ұ  Р  С  Э  Б  Ж  Ы  Ц  Г  Ш  Ы
Д  И  З  А  Й  Н  Ф  К  И  Х  Х  І  У  Т
Ш  Б  Щ  Ш  С  У  Е  Е  И  Й  Ъ  Х  Л  Ж
С  Д  К  Ч  А  Т  Г  С  Р  П  И  В  У  Ү
Ю  Н  К  Д  Н  О  Ш  Ь  Х  А  А  К  Р  Р
А  Ң  Ш  В  Ш  Ж  В  Е  Ж  Б  П  Ж  У  Г
А  Ч  Ы  К  Т  А  Д  Л  Ы  М  Й  Ы  К  Ү
Б  И  Й  И  К  Т  И  К  Л  Ү  У  Ы  Е  Н
А  С  М  А  Н  Р  У  А  Ы  Ы  И  И  Р  Ч
Ɵ  Ɵ  Х  Ɵ  М  А  Г  У  П  Т  Ң  І  Г  Ү
```

ЖЫЛЫП	КЫЙМЫЛДАТКЫЧ
АБА	ОТУН
БИЙИКТИК	БИЙИК
АТМОСФЕРА	ТАРЫХ
ШАР	ВОДРОТЕК
КУРУЛУШ	КОНУУ
ЭКИПАЖ	ЖҮРГҮНЧҮ
ТҮШҮҮ	ВИНТТЕР
ДИЗАЙН	АСМАН
БАГЫТ	ТУРБУЛЕНЦИЯ

65 - Ocean

```
Ш Р И М П Ъ Ь О Е І Л А Р Т
Т В А П Б Ш Д Ө П Ы Н Е Д А
І Х Ө Ф Я Т В Р Л Й І М В Р
А Й А Ш Р Ц Б А Ь Ь Щ Е Ч Ы
Ы Я Ң М Й Г А Д Ъ Л Ю У Ъ Х
Ж К Ы Й А К Н Л Ч Р З Ъ А
Ч А И К И Т Ы У Ы Й Ү А Т Ы
С А З Р Ф Ц К К Ы С І Ұ О Е
Ъ Б К Ы Ү Д Е Л Ь Ф И Н О Ы
Ы П К Ы Л Ү Ж О Э У Т Ж Ұ І
Щ Р У Ф Р У Ч Т Л Т Ұ Ц Б У
Т Е Г И Ж У У Ф Л Я Т У З У
Н У Н У У С У П О Т К О Х Й
К Р А Б Ю У О Й С Т Е Р Ж Л
```

КАЙЫК	ТАРЫХ
КИРҮҮ	ТУЗ
КРАБ	ЧАКЫРУУ
ДЕЛЬФИН	ШРИМП
ЭЛЛ	ТЕГИ
БАЛЫК	СУУНУН
МЕУЗА	ЖАЗЫЛУУ
ОКТОПУС	ТОЛКУНДАР
ОЙСТЕР	КИТ

66 - Force and Gravity

```
Б Ң Я Щ Р А Л А Т Е Н А Л П
О О И Ц Ш Е Ү Р И С А А Т Щ
Р Ж С Ө Ы А Ү А Т И Б Р О И
Б Ь У Ь Л Ы Т Л А Д М Ь К Д
О Ф Р Л Ы М Й Ы К Ы Л Д А М
Р Х О Ө Ч Г Е К А М Л А С Ф
У Ш Р В А У Ң Й М Е Б Ь Ь Б
Ұ Б М З И Т Е Н Г А М Ң С Й
Ң П А Ы С А К И Н А Х Е М П
І Ц О К С А П А Т Т А Р Е Ө
Р Ү Ф Г Ы А К И М А Н И Д Щ
В Я У П Ы Т Б Ұ Ц П Ч У Е Ш
Щ Ж І Л Я У Н И В Е Р С А Л
Г Г К Ң Ъ Щ І Н Ф Ы Ъ Ь Ф К
```

ОСЬ   ОРБИТА
БОРБОР   ОРУСИЯ
АЧЫЛЫШ   ПЛАНЕТАЛАР
АРАЛЫК   БАСЫМ
ДИНАМИКА   САПАТТАР
КЕҢЕЙТҮҮ   ЫЛДАМ
ТААСИР   УБАКЫТ
МАГНЕТИЗМ   УНИВЕРСАЛ
МЕХАНИКАСЫ   САЛМАК
КЫЙМЫЛ

67 - Birds

```
С О А Л Б А М Ү Ѳ Ѳ Т П Ю Ж
Ш Ң Щ А Е Ү Я У Г Д О Е П Я
С Щ О Ч К Й Р Ш Ү У Т Л Ѳ Ь
Л Ү Х У А Ү Л К Л Г У И Ь Ѳ
Н И В Г Н И П Е Ү Й К К Т Р
К О О З А Ъ В О К Т У А А Д
Л У Р П Р Ң Х О К А Ш Н М Ѳ
Т О О К Е Ң Б Г А С Т Й З К
Ж Т О Ц Й Ѳ Ю Н Ч Ж А Ь Ы В
Ш Ң М М К С Ц И Р Ж Р А К М
Й В О Е А П І М У У Р А Б Е
Ж У М У Р Т К А У Ч У Ю Ъ Ѳ
Т У К А Н Й Ң Л К Ж Ч Д Л Х
Т Ѳ Г Р А Т Ж Ф А Ь У Ь Е Ы
```

КАНАРЕЙКА	КЫЗМАТ
ТООК	ТѲѲ
КУУРЧАК	ТОТУКУШТАР
ѲРДѲК	КООЗ
БҮРКҮТ	ПЕЛИКАН
ЖУМУРТКА	ПИНГВИН
ФЛАМИНГО	УЧУР
БАРУУ	ЛЕЙЛЕК
ГҮЛ	АКУУ
ХОК	ТУКАН

68 - Art

М	П	Ы	Ж	У	Ч	Ө	Х	Ж	У	Ы	Я	Ю	И
А	О	М	С	Е	Я	К	Л	Р	Г	И	Я	Ч	Ц
А	Э	А	Ү	Е	К	Л	Х	І	У	М	П	К	Д
Н	З	Р	Р	А	І	Е	Ф	Б	У	И	Д	О	Б
А	И	У	Ө	У	К	Ө	Р	Ү	Ү	Ч	Ь	М	А
Й	Я	К	Т	Ж	Т	С	И	М	В	О	Л	П	Р
Ө	А	Ф	Т	Ұ	А	П	Ө	С	Ұ	Ұ	Л	Л	Д
Р	О	Я	Ө	Б	Ы	Р	Л	Т	Е	М	А	Е	Ы
В	Т	Ө	Р	Ү	С	С	А	У	М	Х	Н	К	К
Б	И	Л	Д	И	Р	Ү	Ү	Т	К	Т	И	С	Ж
В	И	З	У	А	Л	И	З	М	У	С	Г	Ь	С
С	Ю	Р	Р	Е	А	Л	И	З	М	У	И	Д	М
Ж	Ө	Н	Ө	К	Ө	Й	Д	С	Ң	Я	Р	О	Ы
Ю	У	Н	Н	К	И	Ө	Ң	А	Е	Т	О	Й	Я

БАРДЫК
КОМПЛЕКС
КУРАМЫ
ЖАРАТУУ
БИЛДИРҮҮ
КӨРҮҮ
УГУУ
МААНАЙ
ОРИГИНАЛ
СҮРӨТТӨР

ЖЕКЕ
ПОЭЗИЯ
СҮРӨТ
СКУЛПТУРА
ЖӨНӨКӨЙ
ТЕМА
СЮРРЕАЛИЗМ
СИМВОЛ
ВИЗУАЛИЗ

69 - Nutrition

```
Т  Б  Е  Л  О  К  Т  О  Р  Г  З  В  Б  С
А  Д  Е  Н  С  О  О  Л  У  К  А  И  А  А
П  Р  М  Я  П  А  Ч  С  Ь  Г  Т  Т  Л  Л
А  Т  Е  И  Д  Р  П  О  Н  Й  Т  А  А  М
С  И  Ъ  М  Ү  Н  Т  П  У  Ч  А  М  Н  А
Н  И  С  К  О  Т  Ү  М  Е  Ц  Р  И  С  К
У  С  Ң  Ң  Ш  Д  А  А  М  Т  :  Н  А  С
А  У  Ь  И  Е  Д  Д  Ң  Н  І  И  Т  Л  У
С  У  Ъ  В  Р  А  Т  Т  А  Д  А  Т  Г  Ю
А  С  У  Ұ  Ч  Ү  Ъ  Р  А  Н  Я  М  А  К
Ө  Ч  Ы  Д  В  Б  Ү  Ұ  У  Ы  Ц  Ү  Н  Т
Т  Р  У  К  А  Л  О  Р  И  Я  Л  А  Р  У
Ө  Я  И  У  Р  А  Л  У  С  Р  І  М  Ө  К
Ф  Е  Р  М  Е  Н  Т  А  Ц  И  Я  Б  Ю  Ұ
```

АППЕТИТ	ДЕН СООЛУК
БАЛАНСАЛГАН	СУЮКТУК
АЧУУ	БЕЛОКТОР
КАЛОРИЯЛАР	САПАТ
КӨМІРСУЛАР	СУУС
ДИЕТА	ЗАТТАР:
СИҢИРҮҮ	ТОКСИН
ФЕРМЕНТАЦИЯ	ВИТАМИН
ДААМ	САЛМАК
АДАТТАР	

70 - Hiking

Л	Р	М	Ю	Б	А	К	О	Р	К	У	Н	У	Ч
Р	А	Т	Ш	А	Т	Б	С	Г	Ц	Д	Ү	Ч	Ш
Ө	Щ	Й	С	Г	Р	Т	А	М	З	Ы	К	А	К
Д	Й	С	О	Ы	А	Ф	Ү	Ы	Т	Ы	Р	Р	И
С	Щ	Е	Й	Т	К	Ф	Щ	С	Р	Й	Ь	Ч	К
Г	Ө	У	Ю	И	Р	Щ	Ф	Ф	В	А	П	А	Н
К	Л	И	М	А	Т	Е	Г	І	Б	П	Й	П	И
М	И	Д	Ө	Ң	Г	Ө	Л	Ө	К	А	П	Ы	Т
І	Н	Ж	К	Л	Щ	В	Ъ	Й	А	Ж	Т	О	О
Ж	А	Р	А	Т	Ы	Л	Ы	Ш	Е	Н	Б	О	Б
Ж	А	Н	Ы	Б	А	Р	Л	А	Р	К	Н	О	Ү
Ө	Ц	Ұ	Ц	М	С	Ң	Ң	І	Т	К	Р	Р	Ж
С	І	Ң	Щ	Х	Ы	У	Ң	Й	Щ	Л	У	И	Б
Д	А	Я	Р	Д	О	О	У	Н	Г	Б	Ң	Б	Ч

ЖАНЫБАРЛАР   ЖАРАТЫЛЫШ
БОТИНКИ   БАГЫТ
КЫЗМАТ   ДАЯРДОО
ДӨҢГӨЛӨК   ТАШТАР
КЛИМАТ   КҮН
КОРКУНУЧ   ЧАРЧАП
ООР   СУУ
КАРТА   АБА ЫРАЙЫ
ЧИРКЕЙЛЕР   ЖАПАЙЫ
ТОО

71 - Professions #1

```
Р Е Д А К Т О Р Г Б Й Т И О
К Т Я С К М Ө Э О Ө Ж Р М Р
Ө С Я Д А О Ұ Д Л Щ Й Е М Й
К И Р Ү Ү Н Х Ь О Ч У Н У Ү
Г Н Е З Ш О Т С Е Й И Е Р К
Б А С Е О Р Н Е Г Р Е Р П А
И И Д Р Ү Т А О Х А І Р С Р
Й П Е Г В С К Г А Н Ш О И Т
Ч В М Е Ң А Ы Ң Д И И Т Х О
И Ъ Г Р Л О З Щ В Р Ы К О Г
Б А Н К Е Р У Ю О Е Д О Л Р
А І У Т Ц Ң М Я К Т Ю Д О А
М Е Р Г Е Н Ч И А Е И Х Г Ф
К О Т О Р У У Ш Т В Р Д Ь Ю
```

ЭЛЧИ	МЕРГЕНЧИ
АСТРОНОМ	ЗЕРГЕР
АДВОКАТ	МУЗЫКАНТ
БАНКЕР	МЕДСЕР
КАРТОГРАФ	ПИАНИСТ
ТРЕНЕР	САНТЕХНИК
БИЙЧИ	ПСИХОЛОГ
ДОКТОР	КИРҮҮ
РЕДАКТОР	КОТОРУУ
ГЕОЛОГ	ВЕТЕРИНАР

72 - Barbecues

```
О Ю С Б В И Б И Я Д Ң Ш О П
В Б Й А Ж К А М А Т Ь Д Ц Ю
Б Ы Ы Л Ю Ц Й Г Ы С Ы К А Й
Я П Л Д Ү Б Л К Р Т У З Н Ъ
Ж Я Ф А В Ы А Е О И Ч Ч Ы Р
О Е Н Р Б Ч Н Ч Ь Л Л Л Ь Ф
П І Т Х Б А Ы К О О Т Ь Ө Е
І О Ң Я Л К Ш И Д О С Т О Р
Л Ж М М Р Т Т Т М Ы Л У К Ц
К Е К И А А А А К Ч А Р О Г
И М Ч М Д Р Р М Д Ч Ч Ф А С
Р И Ы Й Н О М А К Ы З У М Ш
Ү Ш М Ұ Ю Ң Р К Ү Й Б Ү Л Ө
Ү Ү К К О Ы Ү Д Ц В Ң Щ Ь В
```

ТООК	ЫСЫК
БАЛДАР	АЧКА
КЕЧКИ ТАМАК	БЫЧАКТАР
ҮЙ-БҮЛӨ	МУЗЫКА
ТАМАК	БАЙЛАНЫШТАР
КИРҮҮ	ТУЗ
ДОСТОР	СОУС
ЖЕМИШ	ЖАЙ
ОЮНДАР	ПОМИДОР
ГРИЛЬ	

73 - Vegetables

```
Щ М Р Л Ц Ж Н Н Д П Ү Ц Д А
Ь Ы Ч І И Л О К К О Р Б К С
Р Й Н Л Ъ П Р Ш Ш М Т Х А К
Б Б Ө Л М Ө О Н З И Б А С А
Б А К П Д П Ш Ф У Д Д Л М Б
Ү Л Д Л И Ъ П К М О Ү А Ы А
Р А Ь Ы У Я Е И Ы Р У Ч Р К
Ү К Ң Щ Р Ь З Р Ш М Ж М А И
Т А Л А С А Ф Ү Ы К Е У С Н
Ц М Б Б Л У Ң Ү К Ө У Ш Ц Ш
Г Ү Л Д Ү К Т Ү К Ү А О У У
Ф Х Я Б Е Б Т А М З Ы К Ч Д
П Е Т Р У К К А Ш П И Н А К
Ж Н Ұ Е Щ Ы Ц Ы Ұ К Д Н І С
```

МАКАЛА	ПИЯЗ
БРОККОЛИ	ПЕТРУККА
САБИЗ	КОШУМЧА
ГҮЛДҮКТҮК	АСКАБАКИН
ТҮРҮ	РАДИШ
БАДЫРАҢ	САЛАТ
КИРҮҮ	БӨЛМӨ
САРЫМСАК	ШПИНАК
КЫЗМАТ	ПОМИДОР
МЫШЫК	ШОРОН

74 - The Media

```
Р Б Д Е Е Т Л Ж О Н Л А Й Н
А И В Й Ч Л К У Д М О О К М
Д Л П И К И Р Р К Л Н Ч Й Г
И И Д О В Ш Ф Н Р Ж И Г Й Е
О М Б Ч Ұ Ы К А М Р А Т Ц З
Ө Б Ү Ү Т К И Л И Г Р Е Ж И
Н Е С Б Ю Ъ Б Д Ч П П Ш В Т
Ө Р У А І М О А М Ь Г Б Ц М
Р Ү П С Ф Т Ү Р Б М Щ Е Г Ф
Ж Ү К Ы Л Я И Ц Р Е М М О К
А Ж І Л У Ч У Р Д А Г Ы Ю У
Й Е К М К А Р Ж Ы Л О О О Д
Г К У А Б А Й Л А Н Ы Ш Ц И
Ң Е Ф А К Т Ы Л А Р Х У І Г
```

КОММЕРЦИЯЛЫК	ЖЕРГИЛИКТҮҮ
БАЙЛАНЫШ	ЖУРНАЛДАР
УЧУРДАГЫ	ТАРМАК
БАСЫЛМА	ГЕЗИТ
БИЛИМ БЕРҮҮ	ОНЛАЙН
ФАКТЫЛАР	ПИКИР
КАРЖЫЛОО	КООМДУК
ЖЕКЕ	РАДИО
ӨНӨР ЖАЙ	

75 - Boats

```
К Ч А Н К Я А К Ц Ъ Х К И Ъ
Т Ы Т С А М Н П Ң О Б Ы Ө Ж
Ұ Ұ Х Й Н Ч К И Р Ү Ү Й Х О
Щ Ъ Я И О Н Ж Ж Щ Н Х М П Ң
Б У У Ф Е А А К Й Ы З Ы Л А
Ң Ц Н Б Ь У П Е Е Ч И Л І Е
У Т Ч Ф Х Т И Ы К М Ң Д Х М
Д Ө Р К Щ И К П Ы О Е А Ж Б
Л А В Ө І К Э Й Й Ө Д Т К Ю
У Ц Р Л У А Р Ү А Ж Ф К Я Ю
Я І П Ы Ү Л Й Ф К С Ы Ы Д Ю
К У Ю У Я Ы К Ы С К А Ч И Й
Й Ч Ө Ж У К М У Й Й Л А Ц Я
І Н В Ж Т О Л К У Н Д А Р Л
```

КЕМЕ	НАУТИКАЛЫК
КЫСКА	ОКЕАН
КАНОЕ	КИРҮҮ
ЭКИПАЖ	ДАРЫЯ
КЫЙМЫЛДАТКЫЧ	ЖИП
БУУ	ДЕҢИЗ
КАЯК	КУЮУ
КӨЛ	ТОЛКУНДАР
КАЙЫК	ЯХТА
МАСТ	

76 - Activities and Leisure

```
Б С В Ь А Л О Б Т Е К С А Б
Т А М З Ы К К Р Ф Р Т А Ш С
Ф Ь Л О Г Ъ Х Ч У П П И Р А
И Л Ш Ы Р А Ж Ү У С Ү К Н Я
Ш О О Т К Я Ы Ж Л Б Ч Г Ү К
Ү Б Щ Ь Ъ У Ф Д А Е С А Т А
Ц Т Ъ Л Ж Г Р Ұ С Й Ю О Е Т
Р У Б Й К Ұ Г У Э С Р Ф Н И
Ұ Ф Ұ О Ф Ц Б Е У Б Ф Х Н Г
Б Я Б П К Ы Ф П Ь О И Ѳ И Н
С Ү З Ү Ү С Ч О И Л Н В С Щ
Б А Г Ч А Ч Ы Л Ы К Г Т Ы Ш
Ж Ъ Щ М Е Ф Ч Х О Б Б И Г Б
В О Л Е Й Б О Л Л Ы Ұ У Г П
```

ОРУСЧА	ХОББИ
БЕЙСБОЛ	ЖАРЫШ
БАСКЕТБОЛ	ЭС АЛУУ
БОКС	ФУТБОЛ
КЫЗМАТ	СЮРФИНГ
БАЛЫК УРУУ	СҮЗҮҮ
БАГЧАЧЫЛЫК	ТЕННИС
ГОЛЬФ	САЯКАТ
ЖЫЯКТОО	ВОЛЕЙБОЛ

77 - Driving

Е	Н	А	М	Ь	В	Л	Е	Н	Н	У	Т	Г	Й
Я	Й	Й	Ж	Т	Ы	П	И	Ц	А	Т	Р	А	К
Г	Х	Д	Ү	Ң	О	Й	С	Ц	Я	Ұ	Б	Р	Н
А	У	О	К	П	Ш	Ь	Ң	Р	Е	Л	М	А	Ш
З	Ы	О	Т	Х	О	М	П	Р	Ы	Н	Е	Ж	А
Щ	Ы	Ч	А	К	Ж	Л	Ү	Ң	И	Ъ	З	Я	О
Т	Л	У	Ш	Ұ	Ы	І	И	К	А	Р	Ъ	И	Р
Ю	Д	Н	У	Т	О	Р	И	Ц	Ж	Н	Н	С	Я
Ө	А	Й	У	Е	Х	Ш	С	Б	И	Л	Ұ	У	Ю
А	М	Ө	Ч	Ө	К	Ң	Й	Ы	Ч	Я	Ж	О	Л
Ү	Х	Ч	У	Н	У	К	Р	О	К	Ж	Ө	Ө	И
Г	Х	Т	Е	Ж	Е	Г	И	Ч	Т	Е	Р	Ө	Д
К	Ы	Й	М	Ы	Л	К	И	Ц	О	Т	О	М	Л
К	О	О	П	С	У	З	Д	У	К	Ч	У	К	Л

КЫРСЫК	МОТОЦИКЛ
ТЕЖЕГИЧТЕР	ЖӨӨ
КАР	ПОЛИЦИЯ
КОРКУНУЧ	ЖОЛ
АЙДООЧУ	КООПСУЗДУК
ОТУН	ЫЛДАМ
ГАРАЖ	КӨЧӨ
ГАЗ	КЫЙМЫЛ
ЛИЦЕНЗИЯ	ЖҮК ТАШУУЧУ
КАРТА	ТУННЕЛ

78 - Professions #2

```
И О А С Т Р О Н А В Т Д Ж Н
Щ Л Й И Н Ж Е Н Е Р В Ы У Ң
С Т Л Л Ф И Л О С О Ф Й Р П
Ш О Л Ю О У Ч У У Р У К Н А
Ц Я К М С П О Б М А Л А А И
Д Ь Ф И Ң Т Т И Ь Щ М Н Л О
Б И О Л О Г Р А И Я Л Б И Р
Л Ч Й А А И Ң А Б Ь Б С С У
Б В Ф Г В Y Е М Т У Ш Ж Т С
Т А Л У Ъ В Б У У О У Т Т Ч
Я Ц Г М З О О Л О Г Р Ч Ө А
Ю И Ц Б Ф О Т О Г Р А Ф У И
Я О Н С А И З И Л Д Ө Ө Ч Y
Т С И В Г Н И Л Х И Р У Р Г
```

АСТРОНАВТ	ЛИНГВИСТ
БИОЛОГ	ФИЛОСОФ
ОРУСЧА	ФОТОГРАФ
ИНЖЕНЕР	КУРУУЧУ
ДЫЙКАН	ИЗИЛДӨӨЧY
БАГБАН	ХИРУРГ
ИЛЛЮСТРАТОР	МУГАЛИМ
ОЙЛОП ТАБУУЧУ	ЗООЛОГ
ЖУРНАЛИСТ	

79 - Mythology

```
Ү Ф Л А Б И Р И Н Т Ү С Й І
В Л Й Б А А Т Ы Р Х Д А Р Д
Ж А Р А Т У У Х Д Р Г Б Ө Ұ
Б Ь Ж У У Д Р Ы К Й Ы С Л Д
Ч А Р Х Е Т И П Ү М Ъ К Ү Ч
Ө Л Б Ө С Т Ү К К Л Х Ы Ү Ч
М А Д А Н И Я Т Ү М Ң С Н Ъ
І Т Н А Ф М У И Р Т П Р Е Ц
У Ж О О К Е Р Ъ Ү Щ Ь Ы Ш Я
Р Л К М Ш Ц Ч Щ Ү У У К И Ц
Б Й А Г А З Й А Н К Х Ң Г Р
Ң Х Е М Ү Л Ө А С М А Н К Ь
Ш М О К Ы Л Ы Ч Н А Г З Ы К
Ш У Р У Т Ш Ү Р Ү Ж Е Х В Д
```

АРХЕТИП	ЛАБИРИНТ
ЖҮРҮШ-ТУРУШ	УЛАМЫШ
ИШЕНҮҮЛӨР	НАЙЗАГАЙ
ЖАРАТУУ	СЫЙКЫРДУУ
МАДАНИЯТ	ӨЛҮМ
КЫРСЫК	ӨЧ
АСМАН	КҮЧ
БААТЫР	КҮКҮРҮҮ
ӨЛБӨСТҮК	ТРИУМФАНТ
КЫЗГАНЧЫЛЫК	ЖООКЕР

80 - Diplomacy

Р	Е	З	О	Л	Ю	Ц	И	Я	І	Ц	Ж	Ж	К
К	А	Д	К	К	Ы	Я	Ч	Й	Т	Т	А	А	Е
О	С	Щ	Ү	Б	У	Ю	Л	С	Д	К	Р	Р	Л
О	Ъ	Л	Л	Ц	У	Л	Э	Ж	Ы	И	А	А	И
П	К	Ю	Ү	Ъ	Ш	Ы	У	Ч	А	Л	Н	Н	Ш
С	Е	П	Ү	А	А	Ш	Ы	Ч	Г	Ф	Д	Д	И
У	Ң	Х	Т	А	Т	А	О	І	М	Н	А	Ы	М
З	Е	У	Т	Е	Т	Ѳ	М	К	Ѳ	О	Р	К	Ң
Д	Ш	Ж	Е	Т	А	С	Я	А	С	К	О	Х	Х
У	Ч	Ч	Л	Щ	М	Ч	Е	Ч	И	М	Ц	К	А
К	И	Ы	И	Г	З	Б	У	Т	У	Н	Д	У	К
Ы	Ъ	Й	Д	Б	Ы	Э	Л	Ч	И	Л	И	К	И
Й	Ю	Т	А	Л	К	У	У	С	Щ	Й	Ң	Х	Т
Д	И	П	Л	О	М	А	Т	И	Я	Л	Ы	К	Э

КЕҢЕШЧИ	ЭТИКА
ЭЛЧИ	ѲКМѲТ
ЖАРАНДАР	БУТУНДУК
ЖАРАНДЫК	АДИЛЕТТҮҮЛҮК
КООМЧУЛУК	САЯСАТ
КОНФЛИКТ	РЕЗОЛЮЦИЯ
КЫЗМАТТАШУУ	КООПСУЗДУК
ДИПЛОМАТИЯЛЫК	ЧЕЧИМ
ТАЛКУУ	КЕЛИШИМ
ЭЛЧИЛИК	

81 - Countries #1

```
М Ъ В І Ф К Д И И Х Ш К Ң Р
И О Н Ұ Ү Ъ Р Г С И Ц А И У
А О К К О Р А М П З І Н В М
Б Р А З И Л И Я А Р М А Е Ы
Л Ш Р Ү И Ц Й И Н А И Д Н Н
Ң Г И П У Ъ Ю Л И И С А Е И
П О Л Ь Ш А Г А Я Л И Ц С Я
В Ь Е Т Н А М Т М Ь Р Я У И
Н Е Л Т Я Ъ Е И Ж А Й Н Э В
Ф И Н Л Я Н Д И Я А Н К Л Т
Н И К А Р А Г У А Г К А А А
Г Е Р М А Н И Я П А Г Ы П Л
Н О Р В Е Г И Я И В И Л Н В
С Ж Т Щ Й Ұ Ү К Ң Г Р Й Ъ Ю
```

БРАЗИЛИЯ	МАРОККО
КАНАДА	НИКАРАГУА
МИСИР	НОРВЕГИЯ
ФИНЛЯНДИЯ	ПАНАМА
ГЕРМАНИЯ	ПОЛЬША
ИРАК	РУМЫНИЯ
ИЗРАИЛЬ	ЖАКЫН
ИТАЛИЯ	ИСПАНИЯ
ЛАТВИЯ	ВЕНЕСУЭЛА
ЛИВИЯ	ВЬЕТНАМ

82 - Adjectives #1

```
Ж О Н Л Б Ц Ж Э К Г Д Ц Ш Т
М А Ұ Г А У А К Л Я Р П Ң Я
А Ц Й Е А У Г З Ж Ю Н Я Ө Л
А Р Щ Е Л Т Ы О К Ң Н І М Ө
Н С О Л У Т М Т Н О О Ж Х Й
И Ү Ц К У У Д И Ф Т О В Р А
Л Р О О Ш Л У К М У У З Р Р
Ү Ө Х Ұ Ы О У А Ч С У Р О О
Ү Т І Ө І Ф Ш Л Ш І Л А І М
І Ч Х Г Ф О Ж Ы Ф Л Ы Ъ Ұ А
Ч Ү Ү Р Ө К Р К М Ү Т Ч П Т
Ъ Ң Н А Б С О Л Ю Т К О Ө И
В Д Д Ы М А К Т У У А Ю Й К
П А Й Д А Л У У У У У Б А Ж Ц
```

АБСОЛЮТ	ООР
ДЫМАКТУУ	ПАЙДАЛУУ
АРОМАТИК	КӨРҮҮ
СҮРӨТЧҮ	ОКШОШ
ЖАГЫМДУУ	МААНИЛҮҮ
КООЗ	ОЛУТТУУ
ЖАБУУ	ЖАЙ
ЭКЗОТИКАЛЫК	ЖООН
ОРУСЧА	БААЛУУ
БАКТЫЛУУ	

83 - Technology

```
К Б И Л Д И Р Ү Ү Р Ф И С К
Ш О И М У Ю Ѳ Б Ң Е А Н Т О
Ы Д О Ф Ш К У Ұ А О Й Т А М
М И Б П Ь Ч Ъ И Р Й Л Е Т П
А С Р У С Л Й Ф Е Ұ Т Р И Ь
А П А Ч Я У Р Ѳ М І Ф Н С Ю
Л Л У У Ч У З Ѳ А Ы И Е Т Т
Ы Е З Р Ң Р Г Д К К Р Т И Е
М Й Е Д І О Я Л У Е Ш В К Р
А Щ Р А Л Т И И Л К П И А Ъ
Т Д Ф Г И О Ф З М Р Б Р Д Ю
А У Р Ы Р К Ж И Ф Я Л У Н Ш
К Ѳ Р С Ѳ Т К Ү Ч Ү О С Ж Л
В И Р Т У А Л Д Ы К Г Д Щ Й
```

БЛОГ	ШРИФТ
БРАУЗЕР	ИНТЕРНЕТ
БАЙТ	БИЛДИРҮҮ
КАМЕРА	ИЗИЛДѲѲ
КОМПЬЮТЕР	КОТОРУУ
КѲРСѲТКҮЧҮ	КООПСУЗДУК
МААЛЫМАТ	СТАТИСТИКА
УЧУРДАГЫ	ВИРТУАЛДЫК
ДИСПЛЕЙ	ВИРУС
ФАЙЛ	

84 - Landscapes

А	Р	А	Л	Ь	Щ	Р	Е	Ө	Ң	А	Д	Й	А
О	Д	Г	Т	Ү	Д	Ң	Ң	В	Х	Й	Л	Е	Д
Т	Х	Ж	Ж	Е	Ч	К	Ъ	Ю	Ү	С	Х	Ю	Ь
Ү	Ш	Ж	Я	В	Х	Ө	Д	У	Я	Б	Ю	М	Ы
Н	В	А	Л	Л	Е	Й	Л	А	Р	Е	В	С	Ұ
Д	Ъ	Ж	П	Ө	Л	Ү	Ү	М	Ь	Р	У	Р	Ч
Ү	Ю	С	А	Ъ	К	Г	Ъ	Т	О	Г	Л	М	Т
К	О	Ө	Р	Р	Я	Ң	І	А	К	Х	К	Ш	А
С	И	З	А	О	Ы	Ө	Ч	Р	І	Ф	А	Д	Д
Ю	П	Д	Д	О	Р	М	Н	Ы	Р	Ы	Н	Т	Ы
Е	Щ	Ү	Н	Т	А	Ю	А	К	У	Ш	О	Я	М
Ф	Д	К	Ю	С	Д	У	Е	Р	Д	Е	Ң	И	З
Ө	Б	И	О	Щ	Е	Б	К	А	А	К	Г	Г	О
А	У	О	Х	Т	Е	Х	О	Ш	Ф	Л	Ы	Ү	С

ПЛЯЖ	ОАЗИС
СӨЗДҮК	ОКЕАН
ЧӨЛ	ЖАРЫМ АРАЛ
ОЮНДАР	ДАРЫЯ
МӨҢГҮ	ДЕҢИЗ
БУЮМ	СОЗ
АЙСБЕРГ	ТҮНДҮК
АРАЛ	ВАЛЛЕЙ
КӨЛ	ВУЛКАНО
ТОО	ШАРКЫРАТМА

85 - Visual Arts

```
Т  В  Р  Г  Ч  К  Б  Б  Ы  С  Ө  Ф  П  К
К  А  Ф  А  Щ  Ы  О  И  Ж  У  Т  И  О  Е
Е  Р  Ф  О  В  Л  Р  Р  А  Р  Н  Л  Р  Л
Р  У  Ы  Е  Н  Ы  Л  О  П  О  Ч  Ь  Т  Е
А  Т  Г  О  Т  Ч  Ф  К  С  О  В  М  Р  Ч
М  П  П  Е  Н  А  А  О  И  Н  О  Я  Е  Е
И  Л  Ы  Ң  Ъ  М  Л  Р  Т  Н  Х  И  Т  Г
К  У  Ұ  С  У  Р  Х  Ь  П  О  Ң  С  Ж  И
А  К  К  М  Ч  А  К  С  Ы  К  Г  У  Н  Н
П  С  Т  К  Ұ  Г  Ш  І  Ө  Ұ  Ш  Р  Ң  Д
У  Ө  В  Ө  Ь  Ы  П  А  К  Ю  Л  О  А  Ж
Х  Т  Я  М  О  Ч  С  Ү  Р  Ө  Т  Ч  Ү  Ф
И  Р  Ө  Ү  Б  А  Ш  Т  Ы  К  Я  Ж  Т  К
М  Ы  П  Р  М  О  Л  Ь  Б  Е  Р  Т  М  К
```

ОРУСИЯ	СУРОО
СҮРӨТЧҮ	ПЕН
КЕРАМИКА	БАШТЫК
БОР	КЕЛЕЧЕГИ
КӨМҮР	ФОТОГРАФ
ЧОПО	ПОРТРЕТ
ЧЫГАРМАЧЫЛЫК	СКУЛПТУРА
МОЛЬБЕРТ	ТАФЕТАЛЬ
ФИЛЬМ	КЫСКА
БИРОК	ВОСК

86 - Plants

```
Т Ө С Ө Б Ж Ө П Г Ү Л Ж Т В
О Ұ М В А А С Ө Ө К Ң Е К Е
К М Ы Т Т Л Д А Р А К Р С Г
О Б С В К Б Н А Ы Ы Х С Л Е
Й Л У Х Е Ы Б Е Р Р И Е И Т
Ұ Ь Т Ш Н Р В Щ Ю У З М У А
Щ Ұ К Ө Х А Г Ы Б У И И О Ц
Ш Й А Ф А К А Б Ү Л Г Р Б И
И Т К Л В Т Е И Ц О Е Т А Я
К Д Ь М В А Л Р Ч Н Н К М Ы
Я Ч Ө Ъ Щ Р Ө Р Я Х С И Б Ф
Ұ Я М У С А Ң Ң Д П П Ч У Ң
Ю С Ө С Ү М Д Ү К Т Ө Р К Ч
Ж А Б У У И Ш Т Е Р И Ч У А
```

БАМБУК	БАК
БЕРРИ	ЧӨП
БАТКЕН	ӨСӨТ
БУШ	ЖАБУУ
КАКТУС	МУСА
ЖЕР СЕМИРТКИЧ	ИШТЕРИ
ӨСҮМДҮКТӨР	СӨӨК
ГҮЛ	НЕГИЗИ
ЖАЛБЫРАКТАР	ДАРАК
ТОКОЙ	ВЕГЕТАЦИЯ

87 - Countries #2

```
С С У К Р А И Н А Ь Я Г К Н
У О Л Х Щ Я Ө Н Л Ө И Ы А Е
Д М И Ч Й М Я И Ц Е Р Г Л Г
А А Б Ц Ф А И Г Л Ө И Ө К А
Н Л Е К Т Й П Е Б Ц С Я Ы И
М И Р Д Я К О Р Г Х Д П Щ Т
І Я И П Е А И И Н Ұ Я Ү Ф И
У Ъ Я А Х Ү Ф Я И С У Р О Ө
Ө Г Л Ж С А Э Ү И Д Й П В Ж
Ч Н А Т С И К А П Н А Ц Ю Е
Ү Ф П Н К Ы С К А Р О Н Ч О
Ь О Е Н Д Т Д Н Г П Х П И Ъ
Ю М Н Р Я А К И С К Е М А Я
О Ү Ұ Ұ Ұ О А Л Б А Н И Я Ж
```

АЛБАНИЯ	МЕКСИКА
ДАНИЯ	НЕПАЛ
ЭФИОПИЯ	НИГЕРИЯ
ГРЕЦИЯ	ПАКИСТАН
ГАИТИ	ОРУСИЯ
ЯМАЙКА	СОМАЛИЯ
ЖАПОНИЯ	СУДАН
КАЛКЫ	СИРИЯ
КЫСКА	УГАНДА
ЛИБЕРИЯ	УКРАИНА

88 - Ecology

```
В Ф А У Н А С Ы Ю Р Я С М К
Х Е В О Л О Н Т Е Р Л Е Р У
А М Г Ө С Ү М Д Ү К Т Ө Р Р
Б Ш Ч Е Р Т Ұ Л Ү У Ұ А А Г
И Ы Щ М Т З И Ң Е Д Р М Т А
Т Л А Ө Ш А Ф Й Ь М А А С К
А Ы Ө П А Н Ц Ф Ө О Т Н Р Ч
Т Т А М И Л К И Ө О О К У Ы
Т А Х Ж Ш Ю Х Х Я К О А С Л
А Р Т Ү Р Л Ү Л Ү К Л Л Е Ы
Ч А Х К А Ң М Г Ч П О У Р К
Ы Ж Х Ф М У У Т К У Р У Т У
Г Л О Б А Л Д Ы К Щ Л Д М Ъ
Т А Б И Г Ы Й П О С Ш Л Щ Е
```

КЛИМАТ	МАРШ
КООМДУК	ТООЛОР
АР ТҮРЛҮЛҮК	ТАБИГЫЙ
КУРГАКЧЫЛЫК	ЖАРАТЫЛЫШ
ФАУНАСЫ	РЕСУРСТАР
ӨСҮМДҮКТӨР	АМАН КАЛУУ
ГЛОБАЛДЫК	ТУРУКТУУ
ХАБИТАТ	ВЕГЕТАЦИЯ
ДЕҢИЗ	ВОЛОНТЕРЛЕР

89 - Adjectives #2

Г	И	Й	Х	А	Ч	К	А	Щ	Ұ	Ы	Л	Д	С
Ч	Ы	Г	А	Р	М	А	Ч	Ы	Л	С	О	Е	Ү
И	К	У	Л	О	О	С	Н	Е	Д	Ы	Й	М	Р
Т	Ш	У	Ж	А	П	А	Й	Ы	Ш	К	Й	Е	Ѳ
А	И	Т	У	Й	К	У	Ч	У	Л	У	К	Й	Т
Б	П	К	Е	Х	Х	Ь	Б	Х	Й	М	С	Д	Т
И	Ѳ	Ы	Ы	Р	Ш	С	Ѳ	Ү	С	Р	Р	Е	Ѳ
Г	Б	З	Д	Ч	И	Н	Л	М	Е	П	Ң	Г	Л
Ы	Р	Ы	И	Д	Ы	М	М	К	Т	Ж	Ң	И	Ү
Й	Ш	К	Ү	О	В	Н	Ѳ	С	У	У	Ѳ	Я	Ү
К	І	Д	О	Ф	Ү	Ұ	Д	Х	Б	Р	Ы	Ц	Ч
Б	Е	Л	Г	И	Л	Ү	Ү	Ы	Ѳ	Р	Г	Ц	Ү
Х	Ы	Ж	О	О	П	Т	У	У	К	Ы	Ң	А	Ж
Б	Е	Л	Е	К	Ц	І	Р	Ү	Ү	Т	Ч	Ү	К

ЧЫНДЫК
ЧЫГАРМАЧЫЛ
СҮРӨТТӨЛҮҮЧҮ
КУРГАК
БЕЛГИЛҮҮ
БЕЛЕК
ДЕН СООЛУК
ЫСЫК
АЧКА
КЫЗЫКТУУ

ТАБИГЫЙ
ЖАҢЫ
ДЕМЕЙДЕГИ
ИШТЕРИ
БӨЛМӨ
ЖООПТУУ
УЙКУЧУЛУК
КҮЧТҮҮ
ЖАПАЙЫ

90 - Psychology

```
Ъ  Ь  Ц  Ш  Т  К  И  Л  Ф  Н  О  К  Э  Б
Я  Н  Ш  Ө  Г  Р  Л  Й  Й  И  Р  Ө  М  А
К  Ы  Л  А  Л  А  Б  У  С  Н  Г  Й  О  А
Я  Л  Ұ  Ө  Ң  О  Л  Щ  Ш  С  М  Г  Ц  С
Ү  Я  И  Ц  А  С  Н  Е  С  А  Ө  Ө  И  Ы
Я  Ү  Ү  Н  Ү  Ш  Ү  Т  Б  Н  Ө  Й  Я  Т
Ң  Т  Б  М  И  З  Е  С  Л  Ю  Н  Ч  Л  Е
Б  И  Л  Ү  Ү  К  Й  Ө  Ж  О  Ө  Ы  А  Р
П  Н  Т  І  Ф  Д  А  Г  Б  Ж  Т  Н  Р  А
М  С  И  Ю  М  Р  О  Л  Й  О  Ү  Д  М  П
Д  А  Й  Ы  Н  Д  О  О  Ы  К  Ъ  Ы  Г  И
Э  С  К  Е  Р  Ү  Ү  У  Ш  К  Т  К  К  Я
Ж  Ү  Р  Ү  Ш  Т  У  Р  У  Ш  О  Ү  Л  Й
Ұ  И  Ө  Ң  Я  Г  Б  Ң  І  І  Е  У  Ш  Ң
```

ДАЙЫНДОО	МӨӨНӨТҮ
БААСЫ	ЭСКЕРҮҮ
ЖҮРҮШ-ТУРУШ	ТҮШҮНҮҮ
БАЛАЛЫК	ИНСАН
КЛИНИКАЛЫК	КӨЙГӨЙ
БИЛҮҮ	ЧЫНДЫК
КОНФЛИКТ	СЕНСАЦИЯ
ТҮШ	СЕЗИМ
КОЖОЮН	ТЕРАПИЯ
ЭМОЦИЯЛАР	ОЙЛОР

91 - Math

```
Ө Л С Я І П Р А Д И У С Р П
Я И Р Т Е М О Е Г Д Щ Ф Ъ Е
Х Д Т М С Ө В Л Ю Ү Ұ Н Ч Р
Ы Ң С Ъ В Г Л П И Ң Ш Д Б П
Ң П Ъ Й Ю Л Ю Ч Ч Г Ф Ұ С Е
А Ы Е Ц Ы Ү Щ Л Ө Й О Ү А Н
Ч Ж С Р Ү Л И Ш Ф М И Н Н Д
Х Е О А И А Р Е Ф С Ү Х Д И
Я И Р Т Е М М И С М С Ч А К
Ү Ъ Н Ч П И Е Е Й І Ш М Р У
Ү Ө І Р Ь Ц Ы Т Н Я А О Д Л
Щ Т Ч У Н Е С Ұ Р Ф Ч Ц Л Я
Ь Л П Б Е Д Ж А Б У У Ы Т Р
Т Ө Р Т Б У Р Ч Т У К В Ю Д
```

БУРЧТАР	ПЕРПЕНДИКУЛЯР
ДЕЦИМАЛ	ПОЛИГОН
ӨЛЧӨМҮ	РАДИУС
ЖАБУУ	ТӨРТ БУРЧТУК
ГЕОМЕТРИЯ	СФЕРА
САНДАР	АЯНТЫ
ПЕРИМЕТР	СИММЕТРИЯ

92 - Water

```
Ө І Ұ А Ь А Б Ж А Л С Ұ Ц О
З П Ъ И Х Е И Б А Б Е Н Н Ю
Г К А Н А Л Л Я У М Л С А Н
Ө У Щ А А С Д Х У Р Г Я Г Д
Ч А В Е І Ш И Т С Г У Ы А А
Ө И Т К И Щ Р Ч С Д Ъ Л Р Р
Л Е Ү О Ж Н Ү Ю Ъ Т А Г У С
Ү Ъ А Н И Ө Ү Й М У З Р Л У
К О М Ф Ө Т Г Т Ш У Т И Ы Ы
Т Л Щ С Р Ч И Г Е Б У І Щ Я
Ө К О М М У Н А Л Д Ы К К К
Р А Т Т А М З Ы К Ь Ч Г Ө А
Ү Т О Л К У Н Д А Р У Б Л Р
Ы Г Ф І Д І Х Ф Н А П У Ф Ф
```

КАНАЛ   ӨЗГӨЧӨЛҮКТӨРҮ
КЫЗМАТТАР   КОММУНАЛДЫК
БУРУЛУУ   ОКЕАН
СЕЛ   ЖАМГЫР
БИЛДИРҮҮ   ДАРЫЯ
ОЮНДАР   ТУШ
УРАГАН   КАР
МУЗ   БУУ
СУГАТ   ТОЛКУНДАР
КӨЛ

93 - Business

```
К А Е Ф Ч Э Ц Ч П Н Ь С Ж Ш
И Р Щ Ы Р Е К Т А М З Ы К Ь
Р З Ы Я С И Ф О К О Я Р Ө Ү
Е А Н З К Ы Я И Н А П М О К
Ш Н Р Р А В О Т Б О Р Ө Т С
Е Д Б Ю Д Ж Е Т А Ч М Ж П Ң
Ф А Р Е Ь Р А К А Л З И Ы Ъ
Ю Т Г Г Н Б К Ң С Ш А Ч К А
Ж У У Т А С Ң Д Ы Ч В У Ұ А
М У Щ Ц И Р О О Б Л О Д С Ө
К И Й И Н К И Щ Ұ И Д Ю М Г
Е А Ұ И Ш Ц М Е Н Е Д Ж Е Р
С А Л Ы К Т А Р Я И С Ы А Т
Ж У М У Ш Б Е Р Ү Ү Ч Ү Ы Ұ
```

БЮДЖЕТ	КАРЖЫ
КАРЬЕРА	КИРЕШЕ
КОМПАНИЯ	ДОЛБООР
БААСЫ	МЕНЕДЖЕР
АЗЫР	ТОВАР
АРЗАНДАТУУ	АКЧА
ЭКОНОМИКА	ОФИС
КЫЗМАТКЕР	САТУУ
ЖУМУШ БЕРҮҮЧҮ	КИЙИНКИ
ЗАВОД	САЛЫКТАР

94 - The Company

```
С Ө Ұ Л А Б Б К И Г П И П К
Б А К Ы Д Л А Б О Л Г Н Р И
И Я П Ч Р Г Г Ы Ч Ө Р Н Е Р
З И Ү А А Ң Ж Ь Е М П О З Е
Н Ц Ф М Т Ь Ч Я Ч Ү Р В Е Ш
Е А Л Р С Л Р С И М О А Н Е
С Т О А Р Ұ Д Ө М К Д Ц Т Г
Я У П Г У Р Я Й Ң Ү У И А Ж
Щ П Ъ Ы С Ю О И Ж Н К Я Ц У
Ж Е Д Ч Е Ъ Щ О Ұ Ч Ц Л И М
П Р О Г Р Е С С Б Ү И Ы Я У
Ө Н Ө Р Ж А Й Е Л Л Я К Ы Ш
С Ң Ъ Б Ю Я Я Д С Ү О Ч Ф Я
А Ш Ю І Ұ Й Ж Ң С К Ф Д Ф Ө
```

БИЗНЕС	МҮМКҮНЧҮЛҮК
ЧЫГАРМАЧЫЛ	ПРЕЗЕНТАЦИЯ
ЧЕЧИМ	ПРОДУКЦИЯ
ЖУМУШ	ПРОГРЕСС
ГЛОБАЛДЫК	САПАТ
ӨНӨР ЖАЙ	РЕПУТАЦИЯ
ИННОВАЦИЯЛЫК	РЕСУРСТАР
ДОЛБООР	КИРЕШЕ

95 - Literature

```
А В О Р С Б И О Г Р А Ф И Я
П Н Б Н Ѳ Ү Т Р А Г Е Д И Я
Б И А Д П А Р О Ф А Т Е М Ѳ
У О К Л Н Ф Й Ѳ Л М Д Л У К
И Ң Ъ И О С Ү А Т Е Ұ О Ұ Ѳ
Б Ь Н О Р Г Ф Ұ І Т І К І Р
С Т И Л И Ъ И Ѳ Ш У Ѳ И І К
П П Ж Х Ь Щ Н Я С Щ Д Л М Ѳ
С А Л Ы Ш Т Ы Р У У В Г Ү М
Щ Ь Ф Р Ы Ү Ч Х А В Т О Р Ш
У Е І А Н Т А Л Д О О Л І І
П Ү Ф Т А Р О М А Н Й А М Д
У К Ы Л А К И Т Э О П И Ы І
Т Ъ С Г Т О Д К Е Н А Д Н Ү
```

АНАЛОГИЯ	РОМАН
ТАЛДОО	ПИКИР
АНЕКДОТ	ЫР
АВТОР	ПОЭТИКАЛЫК
БИОГРАФИЯ	ТАРЫХ
САЛЫШТЫРУУ	ТААНЫШ
СҮРѲТТѲЛҮШ	СТИЛИ
ДИАЛОГ	ТЕМА
КѲРКѲМ	ТРАГЕДИЯ
МЕТАФОРА	

96 - Geography

```
Ө І Т П Н А И Д И Р Е М Ю Б
Й К О Ъ Б Ы Ы Б Е Д І І У И
С І О Т Б Ө Ф О А Ң Й Ы Н Й
Ү Л Т Ө Й Т Д В Ф Т И У Щ И
И А К С Ы К Ф А Х Ү Ы З Ш К
Б Т А Й М А К Й Н Ж І Ш И Т
Н И Р А Т Ш Ы Н А Л Й А Б И
Х Т Д Т Р Б Л Д Е Ө Ю В Л К
Т У А Р А А Ш Ч К Л Б Ь Х О
Ү Д Р А Е М Л Ц О К Й Ы Ң Л
Ш А Ы К Ү Д Н Ү Т Ө Н Й Ү Д
Т Ь Я О Ш У Ұ Ъ Р Е Г И О Н
Ү К О Н Т И Н Е Н Т Й Ш Ы Ч
К Ш В М Н А Б В Ш Я Ш И Ү К
```

БИЙИКТИК	ТОО
БАЙЛАНЫШТАР	ТҮНДҮК
ШААР	ОКЕАН
КОНТИНЕНТ	РЕГИОН
ӨЛКӨ	ДАРЫЯ
КЫСКА	ДЕҢИЗ
АРАЛ	ТҮШТҮК
ЛАТИТУДА	АЙМАК
КАРТА	БАТЫШ
МЕРИДИАН	ДҮЙНӨ

97 - Jazz

```
Ь Щ Ш К Р Э Ұ Ь Й Ц И Я П С
Я И Т О Ю Ш С В Т Х В Я Ы Ү
Ұ Ш Ы Н А А Т К Е Г А И Т Й
С Ф Е Ц Ы Ү Ү Л И Г Л Е Б Ү
К І О Е Ң С Ү Р Ө Т Ч Ү П К
Р О Л Р А Д Н А Б А Р А Б Т
Т А М Т Ж Б М Е Ъ Ы Ю М А Ү
С А Б П Я Р І М І Ф В У Е Ү
Е Щ Л К О А Л Ь Б О М З К Д
К Г Ұ А Ъ З Ю Ъ Ь Ө Ы Ы У Е
Р Н У Ь Н Е И Л И Т С К Р Ы
О П У Ы Р Т Ж Т Г И А А А В
Т Е Х Н И К А Я О К Б Е М Д
О О А Х Т Ұ Ц І Ш Р Ү Ы Ы Ь
```

АЛЬБОМ	МУЗЫКА
СҮРӨТЧҮ	ЖАҢЫ
КОМПОЗИТОР	ЭСКИ
КУРАМЫ	ОРКЕСТР
КОНЦЕРТ	ТААНЫШ
БАРАБАНДАР	ЫР
БАСЫМ	СТИЛИ
БЕЛГИЛҮҮ	ТАЛАНТ
СҮЙҮКТҮҮ	ТЕХНИКА

98 - Nature

```
Ж Щ Ч Я Т Ь М Ж А П А Й Ы Й
П Ң А Й Т Ү Т Ө К Ш Х С У Я
Д И Н А М И К А Ң Х И Х Л Ы
І Р А Л А К С А В Г Ь Ң Ь Ь
Ы Й Ы К П Ы Б В М И Ү Ч Ө Л
С У Л У У Л У К С М Ү Б П Т
А А Р Ы Л А Р О Е А Л У Б Ы
Ч Ю Д И У К Я Ү Р Р И Л Л Н
С Ң Ұ Е В И И Л Е К Н У Э Ч
Т О К О Й П Я Ж Н Т А Т Р Т
Е Щ Й Т І О Ж Ы К И А Т О Ы
Ц М Я Х О Р Щ К Р К М А З К
Ь І Т Ш Н Т Т У М А Н Р И М
Ж А Н Ы Б А Р Л А Р Д Й Я Х
```

ЖАНЫБАРЛАР	ТОКОЙ
АРКТИК	МӨҢГҮ
СУЛУУЛУК	ТЫНЧТЫК
ААРЫЛАР	ДАРЫЯ
АСКАЛАР	ЫЙЫК
БУЛУТТАР	СЕРЕН
ЧӨЛ	ТРОПИКАЛЫК
ДИНАМИКА	МААНИЛҮҮ
ЭРОЗИЯ	ЖАПАЙЫ
ТУМАН	

99 - Vacation #2

```
Б  Л  У  Ь  У  А  Ө  К  П  А  П  Ь  Ү  Ц
Ч  Е  Т  С  О  Э  Д  Р  М  Д  Г  Л  Х  Ұ
К  П  А  Н  А  Р  О  Т  С  Е  Р  Е  Я  Х
А  О  К  П  Р  О  Л  О  О  Т  В  Г  С  Ж
Р  Е  Я  Ж  Ы  П  П  К  Ы  З  М  А  Т  Т
Т  З  А  Ю  Ч  О  П  А  К  И  Р  Ү  Ү  Р
А  Д  С  Д  А  Р  О  И  С  К  А  Т  Ц  А
Б  Д  И  Е  Т  Т  К  В  Д  П  Ң  М  Е  Н
Л  Л  Е  Ы  Ы  А  Р  А  Л  Ң  О  Ұ  Х  С
А  К  И  Ң  Р  Л  Ш  Ю  Ө  Ж  Ң  Р  І  П
Ц  Д  Ю  Д  И  Э  С  А  Л  У  У  Д  Т  О
И  П  Ү  Ь  Р  З  М  А  Й  Р  А  М  Ю  Р
Щ  Р  С  Д  Е  С  Т  И  Н  А  Ц  И  Я  Т
К  Ө  З  Ө  Н  Ө  К  Ш  А  Ф  І  Л  Б  Ж
```

АЭРОПОРТ	КАРТА
ПЛЯЖ	ТООЛОР
КЫЗМАТ	ПАСПОРТ
ДЕСТИНАЦИЯ	РЕСТОРАН
ЧЕТ	ДЕҢИЗ
МАЙРАМ	ТАКСИ
КИРҮҮ	ЧАТЫР
АРАЛ	ПОЕЗД
САЯКАТ	ТРАНСПОРТ
ЭС АЛУУ	КӨЗӨНӨК

100 - Electricity

```
Г Ь Я И Ж А Б Д У У Л А Р Б
Е Ы Н А С О Ш С И І Р Ң Ф С
Н Ч Ж К Я Ң Л А З Е Р Д И К
Е Ы С А К Т О О С Ж Х Р Й О
Р Г Р Ц У А Ъ Я І Ж К Ц Ч Б
А Р Е У А Б М Д Ұ Ъ К Е П Ъ
Т Ы Т Р Я Ү Н Р Й Ѳ А Э Ү Е
О Т Я А Х Ш Т Ц А Ф Р Л Ш К
Р Ш Е Ф Й Ю С Ү Х Т А Е К Т
Ү А Р Л Е Б А К Й Й С К И И
Д Ы Т А К Е Я Ж Г Ч К У Т Р Л
Ң У Т Ы У Ф Щ О К Х У Р Ү Е
Е Т А Б Т Ю О Л А М П А Ү Р
Д М Б Д Ұ И Ж Н З Ы М Д А Р
```

БАТАРЕЯ	ТЕРС
КИРҮҮ	ТАРМАК
КАБЕЛ	ОБЪЕКТИЛЕР
ЭЛЕКТР	ОҢ
КАРАСУУ	САНЫ
ЖАБДУУЛАР	ТУТАШТЫРГЫЧЫ
ГЕНЕРАТОР	САКТОО
ЛАМПА	ТЕЛЕФОН
ЛАЗЕРДИК	ЗЫМДАР

1 - Antiques

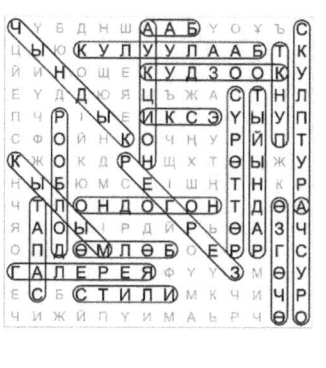

2 - Food #1

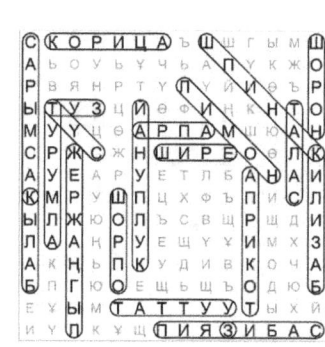

3 - Measurements

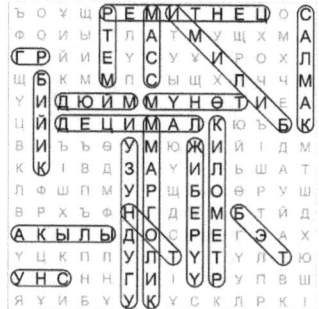

4 - Farm #2

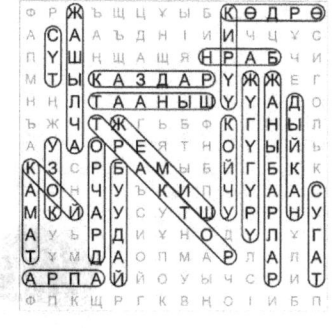

5 - Books

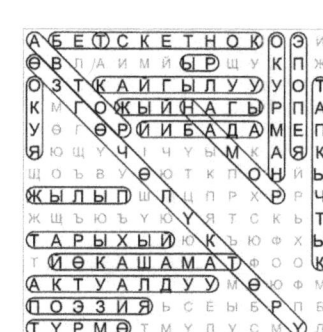

6 - Meditation

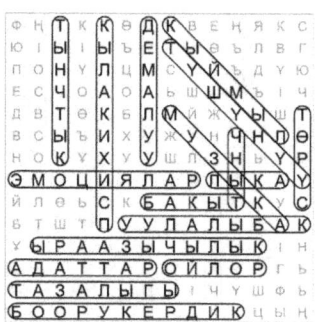

7 - Days and Months

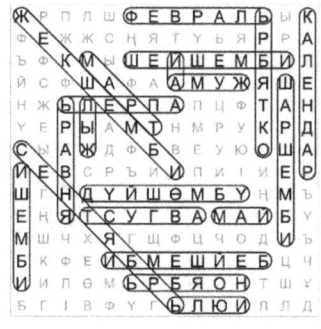

8 - Energy

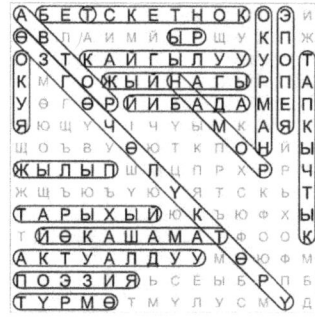

9 - Chess

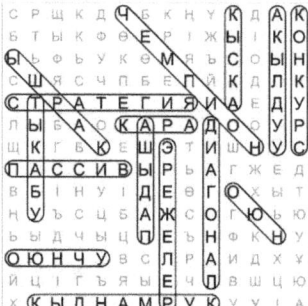

10 - Archeology

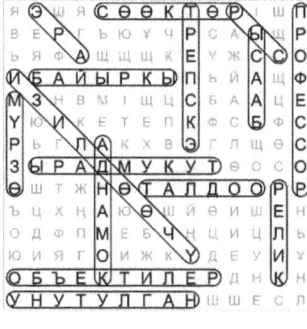

11 - Food #2

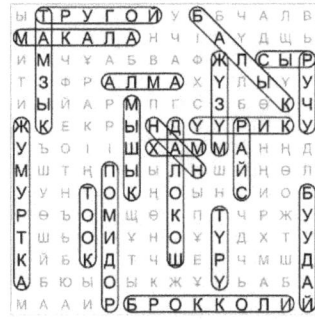

12 - Chemistry

13 - Music

14 - Farm #1

15 - Camping

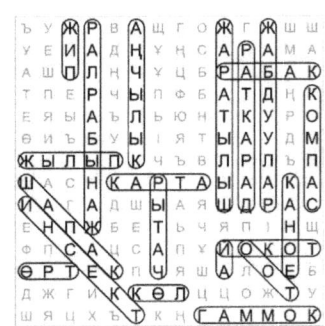

16 - Algebra

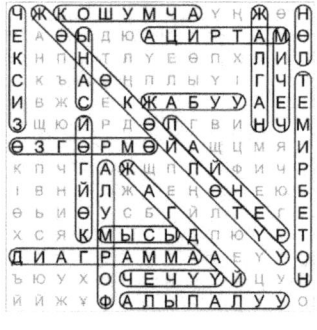

17 - Numbers

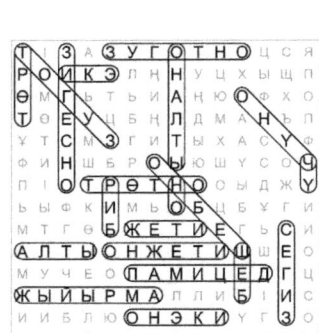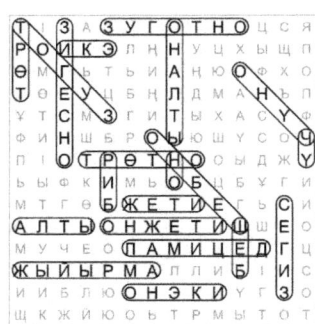

18 - Spices

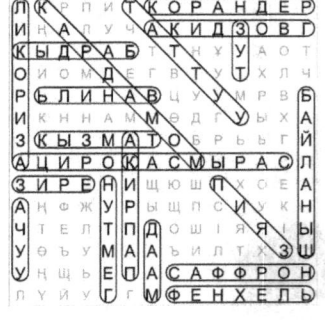

19 - Universe

20 - Mammals

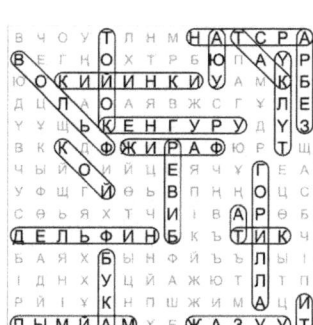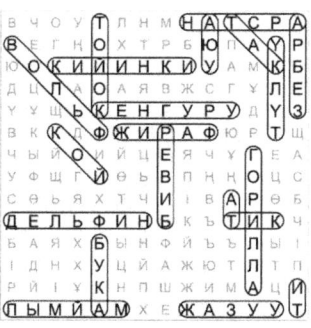

21 - Restaurant #1

22 - Bees

23 - Photography

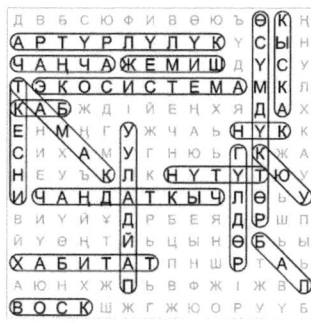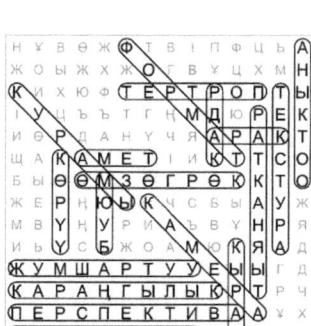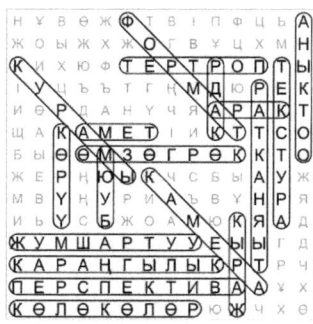

24 - Weather

25 - Adventure

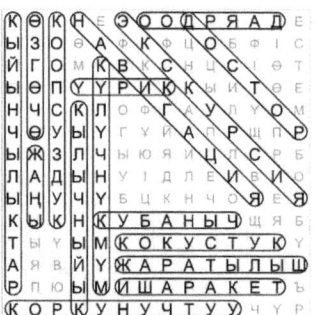

26 - Circus

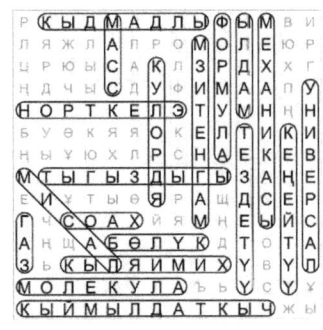

27 - Geology

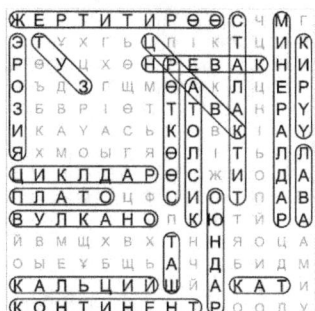

28 - House

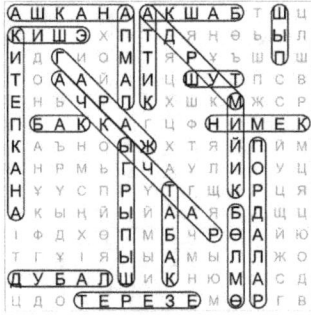

29 - Physics

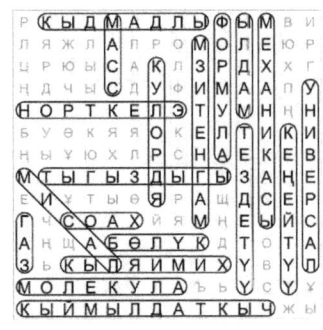

30 - Dance

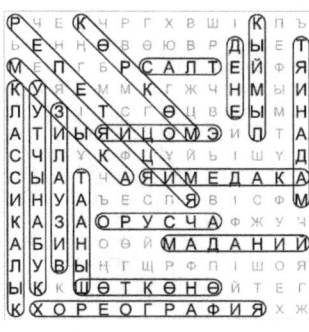

31 - Coffee

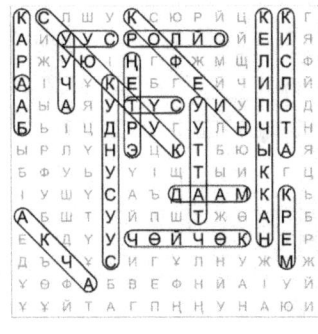

32 - Colors

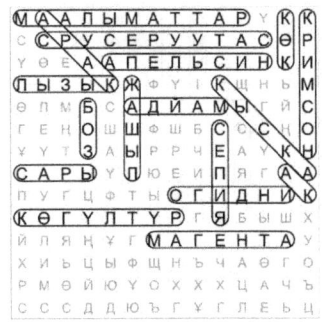

33 - Climbing

34 - Shapes

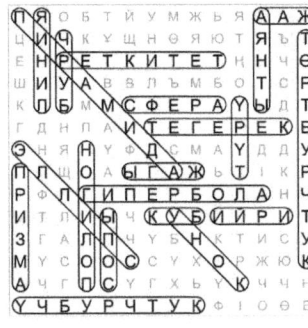

35 - Scientific Disciplines

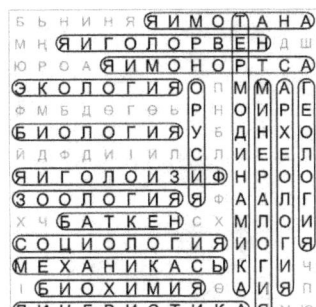

36 - Science

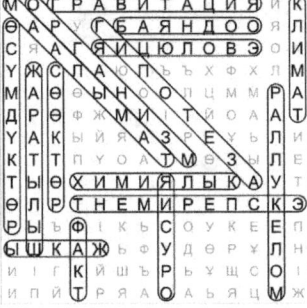

37 - Beauty

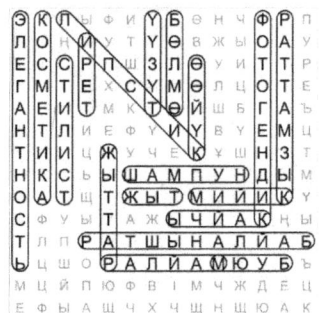

38 - Clothes

39 - Ethics

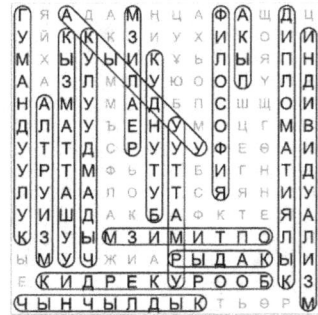

40 - Insects

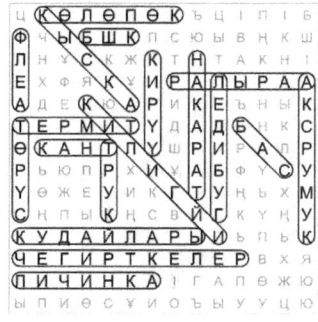

41 - Astronomy

42 - Health and Wellness #2

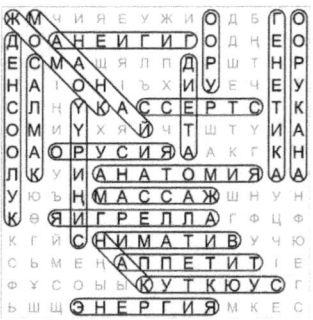

43 - Time

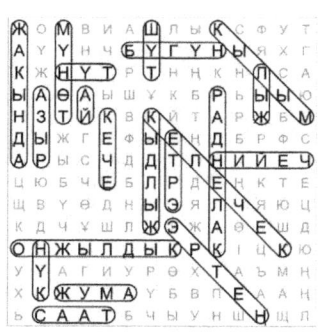

44 - Buildings

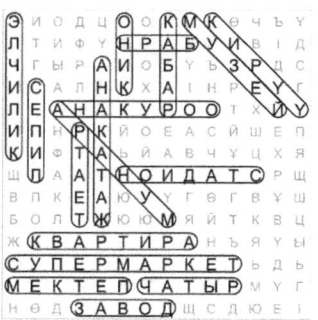

45 - Philanthropy

46 - Gardening

47 - Herbalism

48 - Vehicles

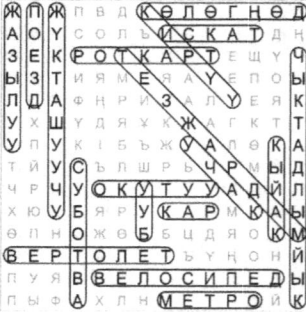

49 - Flowers

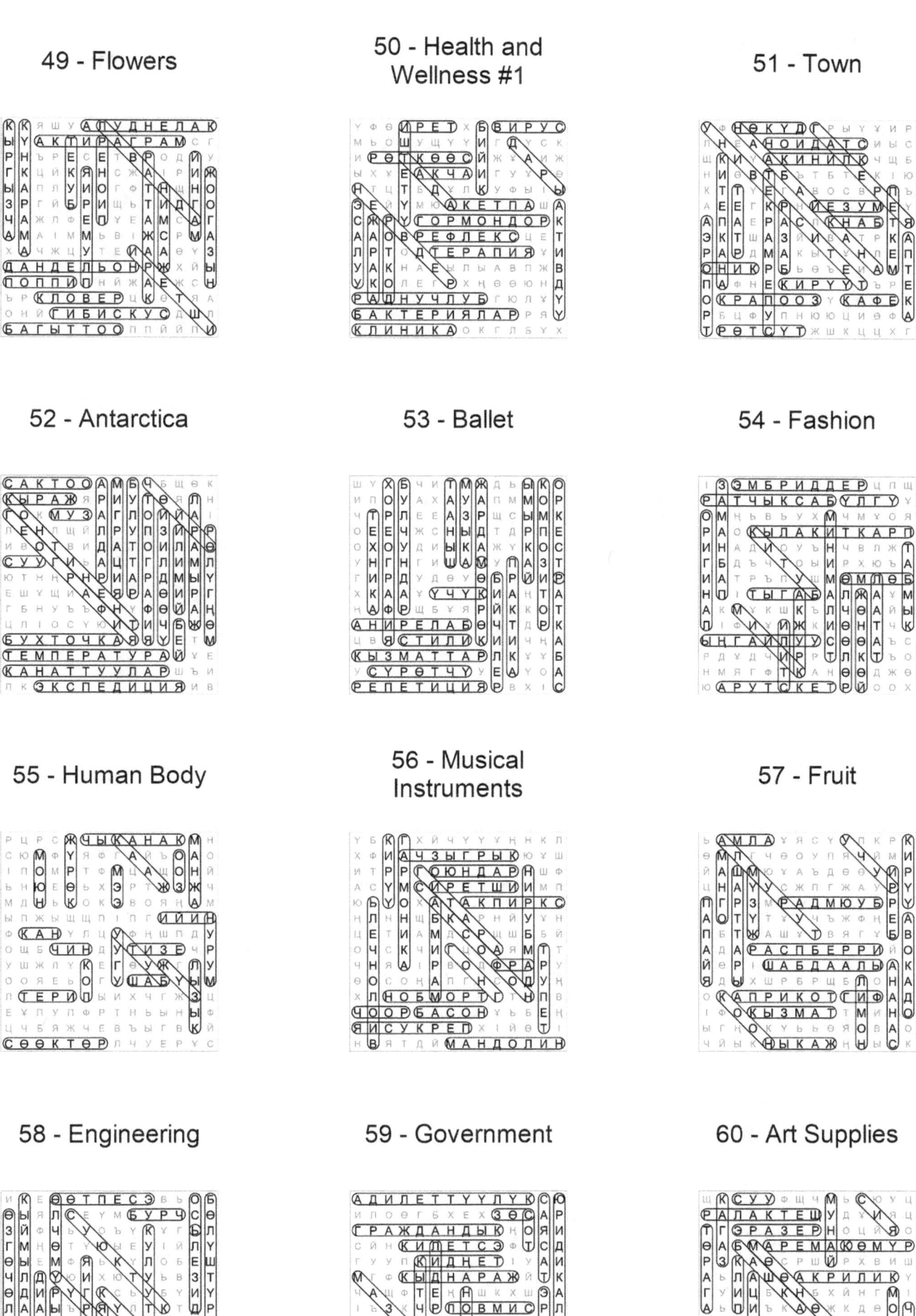

50 - Health and Wellness #1

51 - Town

52 - Antarctica

53 - Ballet

54 - Fashion

55 - Human Body

56 - Musical Instruments

57 - Fruit

58 - Engineering

59 - Government

60 - Art Supplies

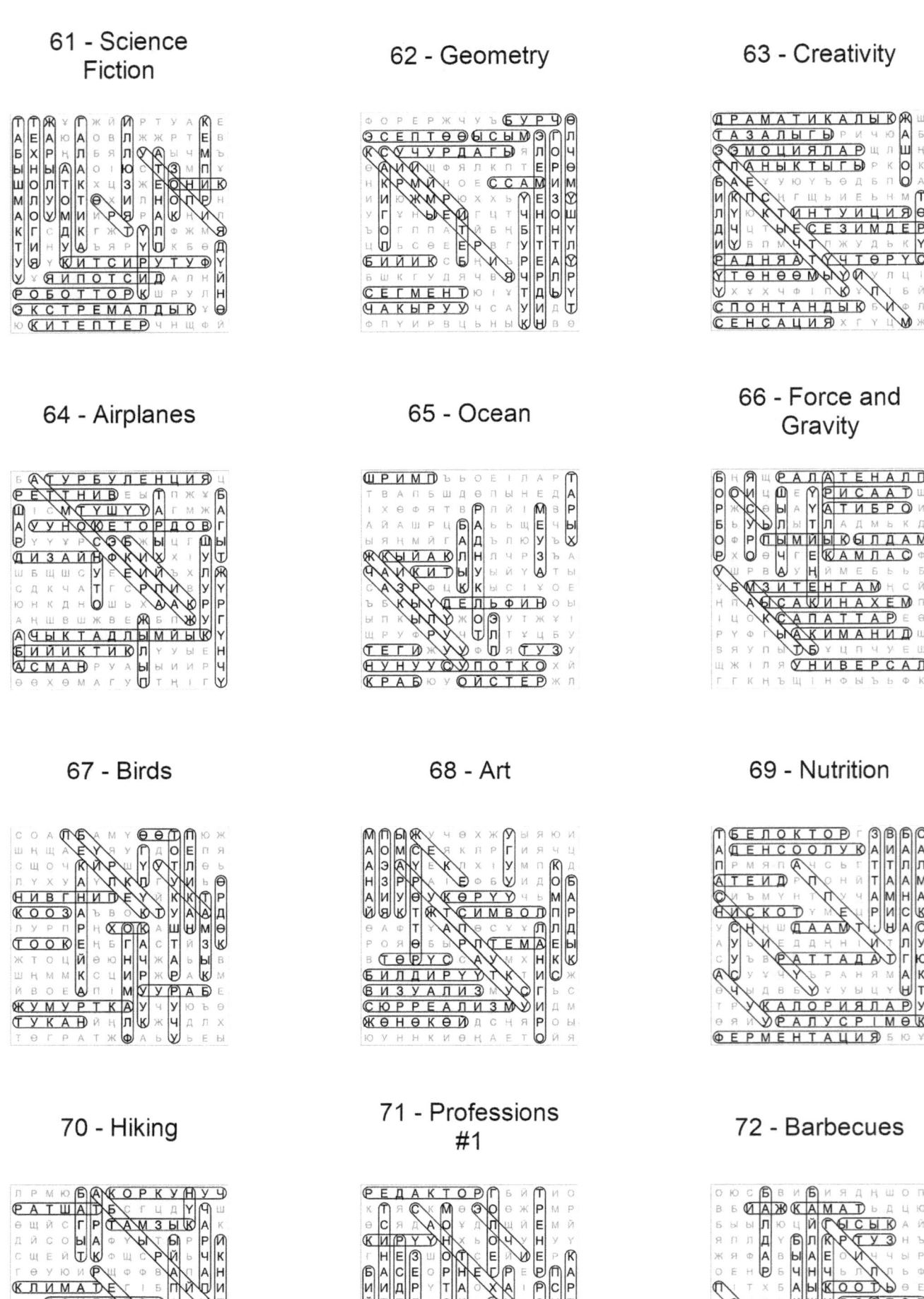

61 - Science Fiction

62 - Geometry

63 - Creativity

64 - Airplanes

65 - Ocean

66 - Force and Gravity

67 - Birds

68 - Art

69 - Nutrition

70 - Hiking

71 - Professions #1

72 - Barbecues

73 - Vegetables

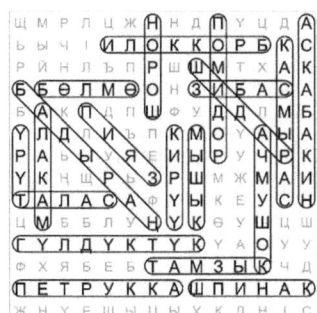

74 - The Media

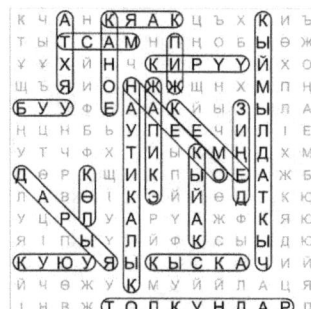

75 - Boats

76 - Activities and Leisure

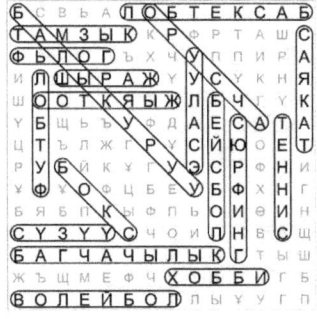

77 - Driving

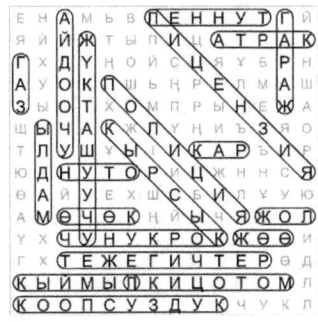

78 - Professions #2

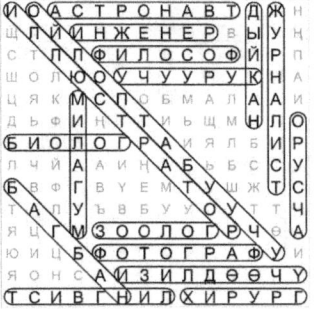

79 - Mythology

80 - Diplomacy

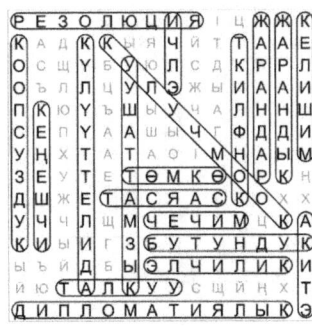

81 - Countries #1

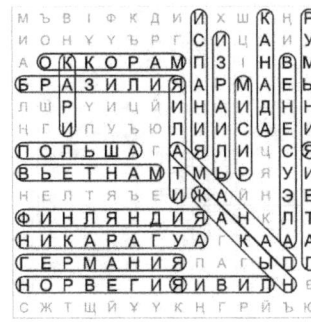

82 - Adjectives #1

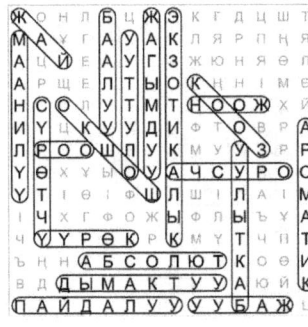

83 - Technology

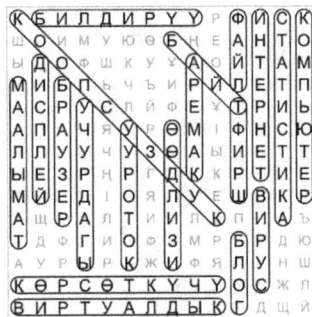

84 - Landscapes

85 - Visual Arts

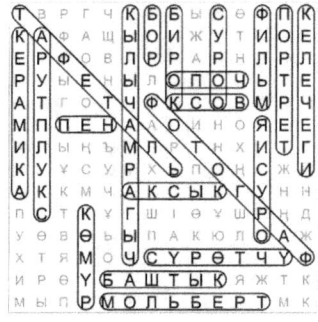

86 - Plants

87 - Countries #2

88 - Ecology

89 - Adjectives #2

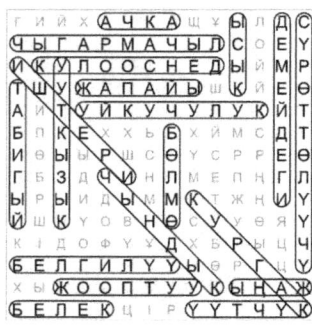

90 - Psychology

91 - Math

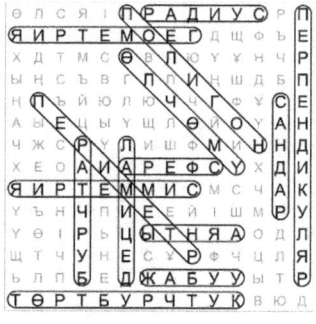

92 - Water

93 - Business

94 - The Company

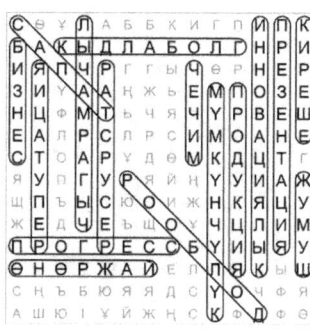

95 - Literature

96 - Geography

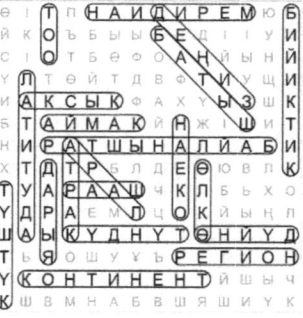

97 - Jazz

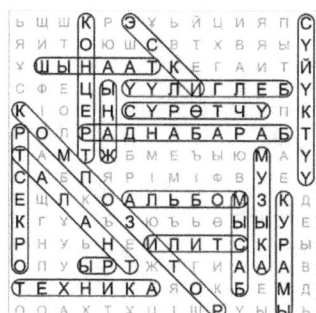

98 - Nature

99 - Vacation #2

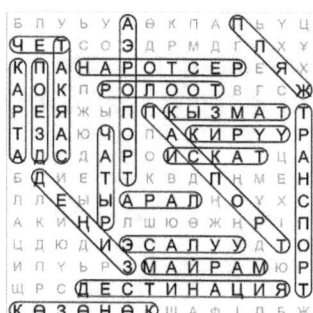

100 - Electricity

Dictionary

Activities and Leisure
Иш-Чаралар Жана эс Алуу

Art	Орусча
Baseball	Бейсбол
Basketball	Баскетбол
Boxing	Бокс
Camping	Кызмат
Fishing	Балык Уруу
Gardening	Багчачылык
Golf	Гольф
Hiking	Жыяктоо
Hobbies	Хобби
Racing	Жарыш
Relaxing	Эс Алуу
Soccer	Футбол
Surfing	Сюрфинг
Swimming	Сүзүү
Tennis	Теннис
Travel	Саякат
Volleyball	Волейбол

Adjectives #1
Сын Атоочтор №1

Absolute	Абсолют
Ambitious	Дымактуу
Aromatic	Ароматик
Artistic	Сүретчү
Attractive	Жагымдуу
Beautiful	Кооз
Dark	Жабуу
Exotic	Экзотикалык
Generous	Орусча
Happy	Бактылуу
Heavy	Оор
Helpful	Пайдалуу
Honest	Көрүү
Identical	Окшош
Important	Маанилүү
Modern	Заманбап
Serious	Олуттуу
Slow	Жай
Thin	Жоон
Valuable	Баалуу

Adjectives #2
Сын Атоочтун № 2

Authentic	Чындык
Creative	Чыгармачыл
Descriptive	Сүреттөлүүчү
Dramatic	Драматикалык
Dry	Кургак
Famous	Белгилүү
Gifted	Белек
Healthy	Ден Соолук
Hot	Ысык
Hungry	Ачка
Interesting	Кызыктуу
Natural	Табигый
New	Жаңы
Normal	Демейдеги
Productive	Иштери
Proud	Бөлмө
Responsible	Жооптуу
Sleepy	Уйкучулук
Strong	Күчтүү
Wild	Жапайы

Adventure
Жылып

Activity	Иш-Аракет
Beauty	Сулуулук
Challenges	Кыйынчылыктар
Chance	Кокустук
Dangerous	Коркунучтуу
Destination	Дестинация
Difficulty	Кыйынчылык
Excursion	Экскурсия
Friends	Достор
Itinerary	Кирүү
Joy	Кубаныч
Nature	Жаратылыш
Navigation	Навигация
New	Жаңы
Opportunity	Мүмкүнчүлүк
Preparation	Даярдоо
Safety	Коопсуздук
Unusual	Өзгөчө

Airplanes
Кароо Планы

Adventure	Жылып
Air	Аба
Altitude	Бийиктик
Atmosphere	Атмосфера
Balloon	Шар
Construction	Курулуш
Crew	Экипаж
Descent	Түшүү
Design	Дизайн
Direction	Багыт
Engine	Кыймылдаткыч
Fuel	Отун
Height	Бийик
History	Тарых
Hydrogen	Водротек
Landing	Конуу
Passenger	Жүргүнчү
Propellers	Винттер
Sky	Асман
Turbulence	Турбуленция

Algebra
Алгебра

Addition	Кошумча
Diagram	Диаграмма
Equation	Элементтердин
Factor	Жагдай
False	Жалган
Formula	Формула
Fraction	Жабуу
Infinite	Чексиз
Linear	Лайнер
Matrix	Матрица
Number	Ысым
Parenthesis	Темирбетон
Problem	Көйгөй
Quantity	Саны
Simplify	Жөнөкөйлөтүү
Solution	Чечим
Solve	Чечүү
Subtraction	Алып Алуу
Variable	Өзгөрмө
Zero	Нөл

Antarctica
Антарктида

Bay	Бей
Birds	Канаттуулар
Clouds	Булуттар
Conservation	Сактоо
Continent	Континент
Cove	Бухточка
Environment	Чөйрө
Expedition	Экспедиция
Geography	География
Glaciers	Мөңгүлөр
Ice	Муз
Islands	Аралдар
Migration	Миграция
Peninsula	Жарым Арал
Researcher	Изилдөөчү
Rocky	Жарык
Scientific	Илимий
Temperature	Температура
Topography	Топография
Water	Суу

Antiques
Антиквариат

Art	Орусча
Auction	Аукцион
Authentic	Чындык
Century	Кылым
Coins	Тыйындар
Decades	Ондогон
Decorative	Кооздук
Elegant	Бөлмө
Gallery	Галерея
Investment	Долбоор
Item	Пункт
Jewelry	Зергер
Old	Эски
Paintings	Сүрөттөр
Price	Баа
Quality	Сапат
Sculpture	Скулптура
Style	Стили
Unusual	Өзгөчө
Value	Баалуулук

Archeology
Археология

Analysis	Талдоо
Ancient	Байыркы
Antiquity	Байыркылук
Civilization	Цивилизация
Descendant	Тукумдары
Era	Эра
Evaluation	Баасы
Expert	Эксперт
Forgotten	Унутулган
Fossil	Сөөктөр
Fragments	Фрагменттер
Mystery	Сыр
Objects	Объектилер
Professor	Профессор
Relic	Релик
Researcher	Изилдөөчү
Team	Команда
Temple	Ийбадатканасы
Tomb	Мүрзө
Unknown	Белгисиз

Art
Орусча

Ceramic	Бардык
Complex	Комплекс
Composition	Курамы
Create	Жаратуу
Expression	Билдирүү
Honest	Көрүү
Inspired	Угуу
Mood	Маанай
Original	Оригинал
Paintings	Сүрөттөр
Personal	Жеке
Poetry	Поэзия
Portray	Сүрөт
Sculpture	Скулптура
Simple	Жөнөкөй
Subject	Тема
Surrealism	Сюрреализм
Symbol	Символ
Visual	Визуализ

Art Supplies
Көркөмдүк Буюмдар

Acrylic	Акрилик
Brushes	Щеткалар
Camera	Камера
Chair	Төрага
Charcoal	Көмүр
Clay	Чопо
Creativity	Чыгармачылык
Easel	Мольберт
Eraser	Эразер
Glue	Клип
Ideas	Мөөнөтү
Ink	Сия
Oil	Мунай
Paper	Кагаз
Pencils	Башка
Table	Таблица
Water	Суу
Watercolors	Акваролор

Astronomy
Астрономия

Asteroid	Астероид
Astronaut	Астронавт
Astronomer	Астроном
Constellation	Элдешүү
Cosmos	Булуттар
Earth	Жер
Eclipse	Көрсөт
Equinox	Эквинокс
Galaxy	Галактика
Meteor	Метеорит
Moon	Ай
Nebula	Небула
Observatory	Обсерватория
Planet	Планета
Radiation	Радиация
Rocket	Окутуу
Satellite	Спутник
Sky	Асман
Supernova	Супернова
Zodiac	Зодиак

Ballet
Калкы

Artistic	Сүрөтчү
Audience	Жардам
Ballerina	Балерина
Choreography	Хореография
Composer	Композитор
Dancers	Бийчилер
Expressive	Көркөм
Gesture	Ымыркай
Intensity	Күчү
Lessons	Сабактар
Muscles	Булчундар
Music	Музыка
Orchestra	Оркестр
Practice	Практика
Rehearsal	Репетиция
Rhythm	Тааныш
Solo	Кызматтар
Style	Стили
Technique	Техника

Barbecues
Байланыш

Chicken	Тоок
Children	Балдар
Dinner	Кечки Тамак
Family	Үй-Бүлө
Food	Тамак
Forks	Кирүү
Friends	Достор
Fruit	Жемиш
Games	Оюндар
Grill	Гриль
Hot	Ысык
Hunger	Ачка
Knives	Бычактар
Music	Музыка
Salads	Байланыштар
Salt	Туз
Sauce	Соус
Summer	Жай
Tomatoes	Помидор
Vegetables	Жашылчалар

Beauty
Сулуулук

Charm	Күйөө
Color	Буюм
Cosmetics	Косметика
Curls	Байланыштар
Elegance	Элегантность
Elegant	Бөлмө
Fragrance	Жыттар
Lipstick	Липстик
Makeup	Түзүү
Mirror	Кийим
Oils	Майлар
Photogenic	Фотогендик
Scent	Жыт
Scissors	Кайчы
Services	Кызматтар
Shampoo	Шампун
Skin	Тери
Stylist	Стилист

Bees
Аарылар

Beneficial	Пайдалуу
Diversity	Ар Түрлүлүк
Ecosystem	Экосистема
Flowers	Гүлдөр
Food	Тамак
Fruit	Жемиш
Garden	Бак
Habitat	Хабитат
Hive	Уюк
Honey	Бал
Insect	Инсект
Plants	Өсүмдүктөр
Pollen	Чаңча
Pollinator	Чаңдаткыч
Queen	Кыска
Smoke	Түтүн
Sun	Күн
Wax	Воск

Birds
Канаттуулар

Canary	Канарейка
Chicken	Тоок
Cuckoo	Куурчак
Duck	Өрдөк
Eagle	Бүркүт
Egg	Жумуртка
Flamingo	Фламинго
Goose	Баруу
Gull	Гүл
Hawk	Хок
Heron	Кызмат
Ostrich	Төө
Parrot	Тотукуштар
Peacock	Кооз
Pelican	Пеликан
Penguin	Пингвин
Sparrow	Учур
Stork	Лейлек
Swan	Акуу
Toucan	Тукан

Boats
Кайыктар

Anchor	Кеме
Buoy	Кыска
Canoe	Каное
Crew	Экипаж
Engine	Кыймылдаткыч
Ferry	Буу
Kayak	Каяк
Lake	Көл
Lifeboat	Кайык
Mast	Маст
Nautical	Наутикалык
Ocean	Океан
Raft	Кирүү
River	Дарыя
Rope	Жип
Sea	Деңиз
Tide	Куюу
Waves	Толкундар
Yacht	Яхта

Books
Китептер

Adventure	Жылып
Author	Автор
Collection	Жыйнагы
Context	Контекст
Duality	Өзгөчөлүктөрү
Epic	Эпопея
Historical	Тарыхый
Humorous	Тамашакөй
Inventive	Тапкычтык
Literary	Адабий
Novel	Роман
Page	Бет
Poem	Ыр
Poetry	Поэзия
Reader	Окурман
Relevant	Актуалдуу
Series	Түрмө
Story	Окуя
Tragic	Кайгылуу
Written	Жазылган

Buildings
Имараттар

Apartment	Квартира
Barn	Барн
Cabin	Кабар
Castle	Сепил
Cinema	Кино
Embassy	Элчилик
Factory	Завод
Hospital	Оорукана
Hostel	Жатакана
Hotel	Кирүү
Laboratory	Лаборатория
Museum	Музей
Observatory	Обсерватория
School	Мектеп
Stadium	Стадион
Supermarket	Супермаркет
Tent	Чатыр
Theater	Театр
Tower	Мунара
University	Университет

Business
Бизнес Үчүн

Budget	Бюджет
Career	Карьера
Company	Компания
Cost	Баасы
Currency	Азыр
Discount	Арзандатуу
Economics	Экономика
Employee	Кызматкер
Employer	Жумуш Берүүчү
Factory	Завод
Finance	Каржы
Income	Киреше
Investment	Долбоор
Manager	Менеджер
Merchandise	Товар
Money	Акча
Office	Офис
Sale	Сатуу
Shop	Кийинки
Taxes	Салыктар

Camping
Кызмат

Adventure	Жылып
Animals	Жаныбарлар
Cabin	Кабар
Canoe	Каное
Compass	Компас
Equipment	Жабдуулар
Fire	Өрт
Forest	Токой
Hammock	Гаммок
Hat	Шапак
Hunting	Аңчылык
Insect	Инсект
Lake	Көл
Map	Карта
Moon	Ай
Mountain	Тоо
Nature	Жаратылыш
Rope	Жип
Tent	Чатыр
Trees	Дарактар

Chemistry
Орусия

Acid	Кислота
Alkaline	Шечерли
Atomic	Атомдук
Carbon	Көмүртек
Catalyst	Катализатор
Chlorine	Баруу
Electron	Электрон
Enzyme	Энзиме
Gas	Газ
Heat	Жылуу
Hydrogen	Водротек
Ion	Ион
Liquid	Суюктук
Molecule	Молекула
Nuclear	Ядролук
Organic	Органикалык
Oxygen	Кычылтек
Salt	Туз
Temperature	Температура
Weight	Салмак

Chess
Шахмат

Black	Кара
Challenges	Кыйынчылыктар
Champion	Чемпион
Clever	Акылдуу
Contest	Конкурс
Diagonal	Диагонал
Game	Оюн
King	Падыша
Opponent	Каршы
Passive	Пассив
Player	Оюнчу
Queen	Кыска
Rules	Эрежелер
Sacrifice	Курмандык
Strategy	Стратегия
Time	Убакыт
White	Ак

Circus
Карама

Acrobat	Акробат
Animals	Жаныбарлар
Balloons	Шарлар
Costume	Костюм
Elephant	Кийинки
Juggler	Жонглер
Lion	Арстан
Magic	Сыйкырчылык
Magician	Сыйкырчы
Monkey	Маймыл
Music	Музыка
Parade	Пара
Show	Көрсөтүү
Spectator	Көрүүчү
Tent	Чатыр
Ticket	Билет
Tiger	Жолборс

Climbing
Альпинизм

Altitude	Бийиктик
Atmosphere	Атмосфера
Boots	Ботинки
Cave	Сөздүк
Challenges	Кыйынчылыктар
Curiosity	Кызыгуу
Expert	Эксперт
Gloves	Мейлеге
Helmet	Туулган
Hiking	Жыяктоо
Injury	Жарака
Map	Карта
Narrow	Тар
Physical	Физикалык
Stability	Туруктуулук
Strength	Күч
Training	Кубат

Clothes
Кийим-Кече

Apron	Белдемчи
Belt	Кур
Blouse	Блузка
Bracelet	Барасет
Dress	Кийинки
Fashion	Мода
Gloves	Мейлеге
Hat	Шапак
Jeans	Джинсы
Jewelry	Зергер
Necklace	Кирүү
Pajamas	Кийим
Pants	Кыска
Sandals	Сандалдар
Scarf	Орусча
Shirt	Ройнок
Shoe	Бут Кийим
Skirt	Юбка
Socks	Баяндоо
Sweater	Окуялар

Coffee
Кофе

Acidic	Кислота
Beverage	Суусундук
Bitter	Ачуу
Black	Кара
Caffeine	Кофеин
Cream	Крем
Cup	Чөйчөк
Filter	Ойлор
Flavor	Даам
Grind	Акча
Liquid	Суюктук
Milk	Сүт
Morning	Эртең
Origin	Келип Чыккан
Price	Баа
Sugar	Таттуу
Water	Суу

Colors
Жардам

Beige	Майда
Black	Кара
Blue	Көк
Crimson	Кримсон
Cyan	Көгүлтүр
Fuchsia	Кыска
Green	Жашыл
Grey	Боз
Indigo	Индиго
Magenta	Магента
Orange	Апельсин
Pink	Маалыматтар
Purple	Сатуу Ресурс
Red	Кызыл
Sepia	Сепия
White	Ак
Yellow	Сары

Countries #1
№ 1 Өлкөлөр

Brazil	Бразилия
Canada	Канада
Egypt	Мисир
Finland	Финляндия
Germany	Германия
Iraq	Ирак
Israel	Израиль
Italy	Италия
Latvia	Латвия
Libya	Ливия
Morocco	Марокко
Nicaragua	Никарагуа
Norway	Норвегия
Panama	Панама
Poland	Польша
Romania	Румыния
Senegal	Жакын
Spain	Испания
Venezuela	Венесуэла
Vietnam	Вьетнам

Countries #2
Өлкөлөр № 2

Albania	Албания
Denmark	Дания
Ethiopia	Эфиопия
Greece	Греция
Haiti	Гаити
Jamaica	Ямайка
Japan	Жапония
Laos	Калкы
Lebanon	Кыска
Liberia	Либерия
Mexico	Мексика
Nepal	Непал
Nigeria	Нигерия
Pakistan	Пакистан
Russia	Орусия
Somalia	Сомалия
Sudan	Судан
Syria	Сирия
Uganda	Уганда
Ukraine	Украина

Creativity
Чыгармачылык

Artistic	Сүрөтчү
Authenticity	Аныктыгы
Clarity	Тазалыгы
Dramatic	Драматикалык
Emotions	Эмоциялар
Expression	Билдирүү
Feelings	Сезимдер
Ideas	Мөөнөтү
Image	Сүрөт
Imagination	Элестетүү
Inspiration	Илим
Intensity	Күчү
Intuition	Интуиция
Inventive	Тапкычтык
Sensation	Сенсация
Spontaneous	Спонтандык
Visions	Аяндар
Vitality	Жашоо

Dance
Бий Ала

Academy	Академия
Art	Орусча
Body	Дене
Choreography	Хореография
Classical	Классикалык
Cultural	Маданий
Culture	Маданият
Emotion	Эмоция
Expressive	Көркөм
Joyful	Кубанычтуу
Movement	Кыймыл
Music	Музыка
Partner	Өнөктөш
Rehearsal	Репетиция
Rhythm	Тааныш
Traditional	Салт
Visual	Визуализ

Days and Months
Күн Жана Ай

April	Апрель
August	Август
Calendar	Календар
February	Февраль
Friday	Жума
January	Январь
July	Июль
March	Март
May	Май
Monday	Дүйшөмбү
Month	Ай
November	Ноябрь
October	Октябрь
Saturday	Ишемби
September	Сентябрь
Sunday	Жекшемби
Thursday	Бейшемби
Tuesday	Шейшемби
Wednesday	Шаршемби
Year	Жыл

Diplomacy
Дипломатия

Adviser	Кеңешчи
Ambassador	Элчи
Citizens	Жарандар
Civic	Жарандык
Community	Коомчулук
Conflict	Конфликт
Cooperation	Кызматташуу
Diplomatic	Дипломатиялык
Discussion	Талкуу
Embassy	Элчилик
Ethics	Этика
Government	Өкмөт
Humanitarian	Гуманитардык
Integrity	Бутундук
Justice	Адилеттүүлүк
Politics	Саясат
Resolution	Резолюция
Security	Коопсуздук
Solution	Чечим
Treaty	Келишим

Driving
Айдоо

Accident	Кырсык
Brakes	Тежегичтер
Car	Кар
Danger	Коркунуч
Driver	Айдоочу
Fuel	Отун
Garage	Гараж
Gas	Газ
License	Лицензия
Map	Карта
Motorcycle	Мотоцикл
Pedestrian	Жөө
Police	Полиция
Road	Жол
Safety	Коопсуздук
Speed	Ылдам
Street	Көчө
Traffic	Кыймыл
Truck	Жүк Ташуучу
Tunnel	Туннел

Ecology
Экология

Climate	Климат
Communities	Коомдук
Diversity	Ар Түрлүлүк
Drought	Кургакчылык
Fauna	Фаунасы
Flora	Өсүмдүктөр
Global	Глобалдык
Habitat	Хабитат
Marine	Деңиз
Marsh	Марш
Mountains	Тоолор
Natural	Табигый
Nature	Жаратылыш
Resources	Ресурстар
Survival	Аман Калуу
Sustainable	Туруктуу
Vegetation	Вегетация
Volunteers	Волонтерлер

Electricity
Биздин Кызматтар

Battery	Батарея
Bulb	Кирүү
Cable	Кабел
Electric	Электр
Electrician	Карасуу
Equipment	Жабдуулар
Generator	Генератор
Lamp	Лампа
Laser	Лазердик
Negative	Терс
Network	Тармак
Objects	Объектилер
Positive	Оң
Quantity	Саны
Socket	Туташтыргычы
Storage	Сактоо
Telephone	Телефон
Wires	Зымдар

Energy
Энергетика

Battery	Батарея
Carbon	Көмүртек
Diesel	Дизель
Electric	Электр
Electron	Электрон
Engine	Кыймылдаткыч
Entropy	Энтропия
Environment	Чөйрө
Fuel	Отун
Gasoline	Бензин
Heat	Жылуу
Hydrogen	Водротек
Industry	Өнөр Жай
Nuclear	Ядролук
Photon	Суйуу
Pollution	Чыдамкайлык
Steam	Буу
Sun	Күн
Turbine	Турбина
Wind	Шамал

Engineering
Инженердик Искусство

Angle	Бурч
Axis	Ось
Calculation	Эсептөө
Construction	Курулуш
Depth	Акылы
Diagram	Диаграмма
Diameter	Өлчөмү
Diesel	Дизель
Distribution	Бөлүштүрүү
Energy	Энергия
Engine	Кыймылдаткыч
Gears	Кирүү
Levers	Рычагдар
Liquid	Суюктук
Machine	Машина
Measurement	Өзгөчөлүктөрү
Propulsion	Пульсия
Stability	Туруктуулук
Strength	Күч
Structure	Тарых

Ethics
Окуусу

Altruism	Алтруизм
Compassion	Боорукердик
Cooperation	Кызматташуу
Dignity	Кадыр
Diplomatic	Дипломатиялык
Honesty	Чынчылдык
Humanity	Гумандуулук
Individualism	Индивидуализм
Integrity	Бутундук
Optimism	Оптимизм
Patience	Чыдамдуулук
Philosophy	Философия
Rationality	Акылдуу
Realism	Реализм
Respectful	Урматтуу
Values	Баалуулуктар
Wisdom	Акыл

Farm #1
Дыйкан № 1

Agriculture	Айыл Чарба
Bee	Аарылар
Bison	Бизон
Calf	Музоо
Cat	Кат
Chicken	Тоок
Cow	Уй
Dog	Ит
Donkey	Эшек
Fence	Дубал
Fertilizer	Жер Семирткич
Field	Талаа
Flock	Флок
Goat	Эчки
Hay	Оюндар
Honey	Бал
Horse	Ат
Rice	Райс
Seeds	Уруктар
Water	Суу

Farm #2
Дыйкан № 2

Animals	Жаныбарлар
Barley	Арпа
Barn	Барн
Corn	Жүгүгүрү
Duck	Өрдөк
Farmer	Дыйкан
Food	Тамак
Fruit	Жемиш
Geese	Каздар
Irrigation	Сугат
Lamb	Козу
Llama	Тааныш
Meadow	Кирүү
Milk	Сүт
Orchard	Орчард
Sheep	Кой
Shepherd	Койчу
Tractor	Трактор
Vegetable	Жашылча
Wheat	Буудай

Fashion
Жагы

Boutique	Бутик
Buttons	Баскычтар
Clothing	Кийим
Comfortable	Ыңгайлуу
Elegant	Бөлмө
Embroidery	Эмбриддер
Expensive	Кымбат
Lace	Кружка
Measurements	Өлчөөлөр
Minimalist	Минималист
Modern	Заманбап
Original	Оригинал
Pattern	Үлгү
Practical	Практикалык
Simple	Жөнөкөй
Sophisticated	Татаал
Style	Стили
Texture	Текстура
Trend	Багыт

Flowers
Гүлдөр

Bouquet	Букет
Calendula	Календула
Clover	Кловер
Daisy	Маргаритка
Dandelion	Дандельон
Gardenia	Каражаттар
Hibiscus	Гибискус
Jasmine	Жасмин
Lavender	Лаванда
Magnolia	Магний
Orchid	Жоогазын
Passionflower	Багыттоо
Peony	Пионер
Petal	Иштери
Plumeria	Плумерия
Poppy	Поппи
Sunflower	Күн Карама
Tulip	Кыргызча

Food #1
Тамак-аш № 1

Apricot	Априкот
Barley	Арпа
Basil	Базилик
Carrot	Сабиз
Cinnamon	Корица
Garlic	Сарымсак
Juice	Шире
Lemon	Лимон
Milk	Сүт
Onion	Пияз
Peanut	Жержаңгыл
Pear	Алмурут
Salad	Салат
Salt	Туз
Soup	Шорпо
Spinach	Шпинак
Strawberry	Кулпунай
Sugar	Таттуу
Tuna	Балык
Turnip	Шорон

Food #2
Азык-Түлүк № 2

Apple	Алма
Artichoke	Макала
Banana	Кирүү
Bread	Нан
Broccoli	Брокколи
Celery	Түрү
Cheese	Сыр
Cherry	Учур
Chicken	Тоок
Chocolate	Шоколад
Egg	Жумуртка
Fish	Балык
Grape	Жүзүм
Ham	Хам
Kiwi	Кызмат
Mushroom	Мышык
Rice	Райс
Tomato	Помидор
Wheat	Буудай
Yogurt	Йогурт

Force and Gravity
Күч Жана Тартылуу Күчү

Axis	Ось
Center	Борбор
Discovery	Ачылыш
Distance	Аралык
Dynamic	Динамика
Expansion	Кеңейтүү
Impact	Таасир
Magnetism	Магнетизм
Mechanics	Механикасы
Motion	Кыймыл
Orbit	Орбита
Physics	Орусия
Planets	Планеталар
Pressure	Басым
Properties	Сапаттар
Speed	Ылдам
Time	Убакыт
Universal	Универсал
Weight	Салмак

Fruit
- Жемиштер

Apple	Алма
Apricot	Априкот
Avocado	Авокадо
Banana	Кирүү
Berry	Берри
Cherry	Учур
Coconut	Буюмдар
Fig	Фиг
Grape	Жүзүм
Guava	Жакын
Kiwi	Кызмат
Lemon	Лимон
Mango	Манго
Melon	Коон
Nectarine	Шарттары
Papaya	Папайя
Peach	Шабдаалы
Pear	Алмурут
Pineapple	Ананас
Raspberry	Распберри

Gardening
Садоводство

Botanical	Ботаникалык
Bouquet	Букет
Climate	Климат
Compost	Компост
Container	Контейнер
Dirt	Кир
Exotic	Экзотикалык
Floral	Гүл
Foliage	Жалбырактар
Hose	Шланг
Leaf	Жалбырак
Moisture	Нымдуулук
Orchard	Орчард
Seasonal	Сезондук
Seeds	Уруктар
Soil	Топурак
Water	Суу

Geography
Географиясы

Altitude	Бийиктик
Atlas	Байланыштар
City	Шаар
Continent	Континент
Country	Өлкө
Hemisphere	Кыска
Island	Арал
Latitude	Латитуда
Map	Карта
Meridian	Меридиан
Mountain	Тоо
North	Түндүк
Ocean	Океан
Region	Регион
River	Дарыя
Sea	Деңиз
South	Түштүк
Territory	Аймак
West	Батыш
World	Дүйнө

Geology
Геология

Acid	Кислота
Calcium	Кальций
Cavern	Каверн
Continent	Континент
Coral	Кирүү
Crystals	Кристалдар
Cycles	Циклдар
Earthquake	Жер Титирөө
Erosion	Эрозия
Fossil	Сөөктөр
Geyser	Оюндар
Lava	Лава
Layer	Кат
Minerals	Минералдар
Plateau	Плато
Quartz	Кварц
Salt	Туз
Stalactite	Сталактит
Stone	Таш
Volcano	Вулкано

Geometry
Геометрия

Angle	Бурч
Calculation	Эсептөө
Circle	Түрү
Curve	Ийри
Diameter	Өлчөмү
Dimension	Өзгөчөлүктөрү
Equation	Элементтердин
Height	Бийик
Horizontal	Горизонталь
Logic	Логика
Mass	Масс
Median	Чакыруу
Number	Ысым
Parallel	Учурдагы
Proportion	Үлүшү
Segment	Сегмент
Surface	Бети
Symmetry	Симметрия
Theory	Каржы
Triangle	Үч Бурчтук

Government
Өкмөт

Citizenship	Граждандык
Civil	Жарандык
Constitution	Конституция
Democracy	Демократия
Discussion	Талкуу
District	Район
Equality	Теңдик
Judicial	Сот
Justice	Адилеттүүлүк
Law	Мыйзам
Leader	Лидер
Legal	Юридикалык
Liberty	Эркиндик
Monument	Эстелик
Nation	Улут
Peaceful	Тынчтык
Politics	Саясат
Speech	Сөз
State	Мамлекеттик
Symbol	Символ

Health and Wellness #1
Ден Соолук Жана Сергекти

Active	Активдүү
Bacteria	Бактериялар
Bones	Сөөктөр
Clinic	Клиника
Doctor	Доктор
Habit	Адат
Height	Бийик
Hormones	Гормондор
Hunger	Ачка
Injury	Жарака
Medicine	Дары
Muscles	Булчундар
Nerves	Нервдер
Pharmacy	Аптека
Reflex	Рефлекс
Relaxation	Эс Алуу
Skin	Тери
Therapy	Терапия
Treatment	Иштетүү
Virus	Вирус

Health and Wellness #2
Ден Соолук Жана Сергекти

Allergy	Аллергия
Anatomy	Анатомия
Appetite	Аппетит
Blood	Кан
Calorie	Жомок
Dehydration	Суюктук
Diet	Диета
Digestion	Сиңирүү
Disease	Оору
Energy	Энергия
Genetics	Генетика
Healthy	Ден Соолук
Hospital	Оорукана
Hygiene	Гигиена
Infection	Орусия
Massage	Массаж
Mood	Маанай
Stress	Стресс
Vitamin	Витамин
Weight	Салмак

Herbalism
Чөптөр

Aromatic	Ароматик
Basil	Базилик
Beneficial	Пайдалуу
Culinary	Кулинария
Fennel	Фенхель
Flavor	Даам
Flower	Гүл
Garden	Бак
Garlic	Сарымсак
Green	Жашыл
Ingredient	Ингредиент
Lavender	Лаванда
Marjoram	Маржорам
Mint	Минт
Oregano	Орегано
Parsley	Петрукка
Plant	Өсүмдүк
Rosemary	Розмари
Saffron	Саффрон
Tarragon	Эстрагон

Hiking
Жөө Туризм

Animals	Жаныбарлар
Boots	Ботинки
Camping	Кызмат
Cliff	Дөңгөлөк
Climate	Климат
Hazards	Коркунуч
Heavy	Оор
Map	Карта
Mosquitoes	Чиркейлер
Mountain	Тоо
Nature	Жаратылыш
Orientation	Багыт
Preparation	Даярдоо
Stones	Таштар
Sun	Күн
Tired	Чарчап
Water	Суу
Weather	Аба Ырайы
Wild	Жапайы

House
Үйү

Attic	Аттик
Broom	Шыпыргы
Ceiling	Шып
Chimney	Мурда
Curtains	Пордалар
Door	Эшик
Fireplace	Кемин
Floor	Кабат
Garage	Гараж
Garden	Бак
Keys	Ачкычтар
Kitchen	Ашкана
Lamp	Лампа
Library	Китепкана
Mirror	Кийим
Roof	Башка
Room	Бөлмө
Shower	Туш
Wall	Дубал
Window	Терезе

Human Body
Адамдын Денеси

Ankle	Кызыл
Blood	Кан
Bones	Сөөктөр
Brain	Мээ
Chin	Чин
Ear	Угуу
Elbow	Чыканак
Face	Жүз
Finger	Манжа
Hand	Кол
Head	Баш
Heart	Жүрөк
Jaw	Жаак
Knee	Тизе
Leg	Буту
Mouth	Ооз
Neck	Моюн
Nose	Мурун
Shoulder	Ийин
Skin	Тери

Insects
Курт-Кумурскалар

Ant	Кумурска
Aphid	Сүрөт
Bee	Аарылар
Butterfly	Көпөлөк
Cicada	Бшк
Cockroach	Таракан
Dragonfly	Ийгилик
Flea	Флеа
Grasshopper	Чегирткелер
Hornet	Кыска
Ladybug	Ледибуг
Larva	Личинка
Locust	Кирүү
Mantis	Кудайлары
Mosquito	Кант
Termite	Термит
Wasp	Бас
Worm	Курт

Jazz
Жакын

Album	Альбом
Artist	Сүретчү
Composer	Композитор
Composition	Курамы
Concert	Концерт
Drums	Барабандар
Emphasis	Басым
Famous	Белгилүү
Favorites	Сүйүктүү
Improvisation	Импровизация
Music	Музыка
Musicians	Музыканттар
New	Жаңы
Old	Эски
Orchestra	Оркестр
Rhythm	Тааныш
Song	Ыр
Style	Стили
Talent	Талант
Technique	Техника

Landscapes
Пейзаждар

Beach	Пляж
Cave	Сөздүк
Desert	Чөл
Geyser	Оюндар
Glacier	Мөңгү
Hill	Буюм
Iceberg	Айсберг
Island	Арал
Lake	Көл
Mountain	Тоо
Oasis	Оазис
Ocean	Океан
Peninsula	Жарым Арал
River	Дарыя
Sea	Деңиз
Swamp	Соз
Tundra	Түндүк
Valley	Валлей
Volcano	Вулкано
Waterfall	Шаркыратма

Literature
Адабият

Analogy	Аналогия
Analysis	Талдоо
Anecdote	Анекдот
Author	Автор
Biography	Биография
Comparison	Салыштыруу
Conclusion	Корутунду
Description	Сүреттөлүш
Dialogue	Диалог
Fiction	Көркөм
Metaphor	Метафора
Novel	Роман
Opinion	Пикир
Poem	Ыр
Poetic	Поэтикалык
Rhyme	Тарых
Rhythm	Тааныш
Style	Стили
Theme	Тема
Tragedy	Трагедия

Mammals
Сүт Эмүүчүлөр

Bear	Аюу
Beaver	Бивер
Bull	Бука
Cat	Кат
Coyote	Койот
Dog	Ит
Dolphin	Дельфин
Elephant	Кийинки
Fox	Түлкү
Giraffe	Жираф
Gorilla	Горилла
Horse	Ат
Kangaroo	Кенгуру
Lion	Арстан
Monkey	Маймыл
Rabbit	Жазуу
Sheep	Кой
Whale	Кит
Wolf	Вольф
Zebra	Зебра

Math
Математика

Angles	Бурчтар
Arithmetic	Арифметика
Decimal	Децимал
Diameter	Өлчөмү
Equation	Элементтердин
Fraction	Жабуу
Geometry	Геометрия
Numbers	Сандар
Parallel	Учурдагы
Perimeter	Периметр
Perpendicular	Перпендикуляр
Polygon	Полигон
Radius	Радиус
Rectangle	Төрт Бурчтук
Sphere	Сфера
Square	Аянты
Symmetry	Симметрия
Triangle	Үч Бурчтук

Measurements
Өлчөөлөр

Byte	Бэт
Centimeter	Центимер
Decimal	Децимал
Degree	Билими
Depth	Акылы
Gram	Гр
Height	Бийик
Inch	Дюйм
Kilogram	Килограмм
Kilometer	Километр
Length	Узундугу
Liter	Байланыштар
Mass	Масс
Meter	Метр
Minute	Мүнөт
Ounce	Унс
Ton	Тон
Weight	Салмак
Width	Жиберүү

Meditation
Медитация

Acceptance	Кабыл Алуу
Awake	Ойгонгула
Breathing	Дем Алуу
Calm	Тынч
Clarity	Тазалыгы
Compassion	Боорукердик
Emotions	Эмоциялар
Gratitude	Ыраазычылык
Habits	Адаттар
Happiness	Бакыт
Insight	Түшүнүү
Mental	Психикалык
Mind	Акыл
Movement	Кыймыл
Music	Музыка
Nature	Жаратылыш
Peace	Тынчтык
Perspective	Перспектива
Silence	Сүрөт
Thoughts	Ойлор

Music
Музыка

Album	Альбом
Ballad	Орусча
Chorus	Хор
Classical	Классикалык
Eclectic	Эклектик
Harmonic	Гармоник
Harmony	Гармония
Instrument	Инструмент
Lyrical	Лирикалык
Melody	Орусия
Microphone	Микрофон
Musical	Музыкалык
Musician	Музыкант
Opera	Опера
Poetic	Поэтикалык
Recording	Жазуу
Rhythm	Тааныш
Rhythmic	Ритмикалык
Singer	Ырчы
Vocal	Үн

Musical Instruments
Музыкалык Аспаптар

Bassoon	Басон
Cello	Виолончель
Clarinet	Кирүү
Drum	Иштери
Flute	Чоор
Gong	Гонг
Guitar	Гитара
Harmonica	Гармоника
Harp	Арф
Mandolin	Мандолин
Marimba	Маримба
Oboe	Кыргызча
Percussion	Перкусия
Piano	Оюндар
Saxophone	Саксофон
Tambourine	Дамбурин
Trombone	Тромбон
Trumpet	Трупет
Violin	Скрипка

Mythology
Уламыштарда

Archetype	Архетип
Behavior	Жүрүш-Туруш
Beliefs	Ишенүүлөр
Creation	Жаратуу
Culture	Маданият
Disaster	Кырсык
Heaven	Асман
Hero	Баатыр
Immortality	Өлбөстүк
Jealousy	Кызганчылык
Labyrinth	Лабиринт
Legend	Уламыш
Lightning	Найзагай
Magical	Сыйкырдуу
Mortal	Өлүм
Revenge	Өч
Strength	Күч
Thunder	Күкүрүү
Triumphant	Триумфант
Warrior	Жоокер

Nature
Жаратылыш

Animals	Жаныбарлар
Arctic	Арктик
Beauty	Сулуулук
Bees	Аарылар
Cliffs	Аскалар
Clouds	Булуттар
Desert	Чөл
Dynamic	Динамика
Erosion	Эрозия
Fog	Туман
Foliage	Жалбырактар
Forest	Токой
Glacier	Мөңгү
Peaceful	Тынчтык
River	Дарыя
Sanctuary	Ыйык
Serene	Серен
Tropical	Тропикалык
Vital	Маанилүү
Wild	Жапайы

Numbers
Убакыт Бер

Decimal	Децимал
Eight	Сегиз
Eighteen	Он Сегиз
Fifteen	Он Беш
Five	Беш
Four	Төрт
Fourteen	Он Төрт
Nine	Тогуз
Nineteen	Он Тогуз
One	Бир
Seven	Жети
Seventeen	Он Жети
Six	Алты
Sixteen	Он Алты
Ten	Он
Thirteen	Он Үч
Three	Үч
Twelve	Он Эки
Twenty	Жыйырма
Two	Эки

Nutrition
Тамактануу

Appetite	Аппетит
Balanced	Балансалган
Bitter	Ачуу
Calories	Калориялар
Carbohydrates	Көмірсулар
Diet	Диета
Digestion	Сиңирүү
Fermentation	Ферментация
Flavor	Даам
Habits	Адаттар
Health	Ден Соолук
Liquids	Суюктук
Nutrient	Продуктылар
Proteins	Белоктор
Quality	Сапат
Sauce	Суус
Spices	Заттар:
Toxin	Токсин
Vitamin	Витамин
Weight	Салмак

Ocean
Океан

Boat	Кайык
Coral	Кирүү
Crab	Краб
Dolphin	Дельфин
Eel	Элл
Fish	Балык
Jellyfish	Меуза
Octopus	Октопус
Oyster	Ойстер
Reef	Тарых
Salt	Туз
Shark	Чакыруу
Shrimp	Шримп
Sponge	Теги
Tides	Суунун
Turtle	Жазылуу
Waves	Толкундар
Whale	Кит

Philanthropy
Кайрымдуулук

Challenges	Кыйынчылыктар
Charity	Кайрымдуулук
Children	Балдар
Community	Коомчулук
Contacts	Контакттар
Finance	Каржы
Funds	Каражаттар
Generosity	Берешендик
Global	Глобалдык
Goals	Максаттар
Groups	Топтор
History	Тарых
Honesty	Чынчылдык
Humanity	Гумандуулук
Mission	Миссия
People	Адамдар
Programs	Программалар
Public	Коомдук
Youth	Жаштар

Photography
Сүрөт Тартуу

Black	Кара
Camera	Камера
Color	Буюм
Composition	Курамы
Darkness	Караңгылык
Definition	Аныктоо
Exhibition	Көргөзмө
Format	Формат
Frame	Кадр
Lighting	Жарык
Object	Тыянактар
Perspective	Перспектива
Portrait	Портрет
Shadows	Көлөкөлөр
Soften	Жумшартуу
Subject	Тема
Texture	Текстура
View	Көрүү
Visual	Визуализ

Physics
Орусия

Acceleration	Тездетүү
Atom	Баяндоо
Chaos	Хаос
Chemical	Химиялык
Density	Тыгыздыгы
Electron	Электрон
Engine	Кыймылдаткыч
Expansion	Кеңейтүү
Formula	Формула
Frequency	Мисал
Gas	Газ
Magnetism	Магнетизм
Mass	Масс
Mechanics	Механикасы
Molecule	Молекула
Nuclear	Ядролук
Particle	Бөлүк
Speed	Ылдам
Universal	Универсал
Velocity	Ылдамдык

Plants
Өсүмдүктөр

Bamboo	Бамбук
Berry	Берри
Botany	Баткен
Bush	Буш
Cactus	Кактус
Fertilizer	Жер Семирткич
Flora	Өсүмдүктөр
Flower	Гүл
Foliage	Жалбырактар
Forest	Токой
Garden	Бак
Grass	Чөп
Grow	Өсөт
Ivy	Жабуу
Moss	Муса
Petal	Иштери
Root	Сөөк
Stem	Негизи
Tree	Дарак
Vegetation	Вегетация

Professions #1
Кесиптер №1

Ambassador	Элчи
Astronomer	Астроном
Attorney	Адвокат
Banker	Банкер
Cartographer	Картограф
Coach	Тренер
Dancer	Бийчи
Doctor	Доктор
Editor	Редактор
Geologist	Геолог
Hunter	Мергенчи
Jeweler	Зергер
Musician	Музыкант
Nurse	Медсер
Pianist	Пианист
Plumber	Сантехник
Psychologist	Психолог
Sailor	Кирүү
Tailor	Котор уу
Veterinarian	Ветеринар

Professions #2
Кесиптер №2

Astronaut	Астронавт
Biologist	Биолог
Dentist	Стоматолог
Detective	Орусча
Engineer	Инженер
Farmer	Дыйкан
Gardener	Багбан
Illustrator	Иллюстратор
Inventor	Ойлоп Табуучу
Journalist	Журналист
Librarian	Китепканачы
Linguist	Лингвист
Painter	Сүрөтчү
Philosopher	Философ
Photographer	Фотограф
Physician	Куруучу
Researcher	Изилдөөчү
Surgeon	Хирург
Teacher	Мугалим
Zoologist	Зоолог

Psychology
Психологияжыныс

Appointment	Дайындоо
Assessment	Баасы
Behavior	Жүрүш-Туруш
Childhood	Балалык
Clinical	Клиникалык
Cognition	Билүү
Conflict	Конфликт
Dreams	Түш
Ego	Кожоюн
Emotions	Эмоциялар
Ideas	Мөөнөтү
Memories	Эскерүү
Perception	Түшүнүү
Personality	Инсан
Problem	Көйгөй
Reality	Чындык
Sensation	Сенсация
Subconscious	Сезим
Therapy	Терапия
Thoughts	Ойлор

Restaurant #1
№ 1 Ресторан

Allergy	Аллергия
Bowl	Чөйчөк
Bread	Нан
Cashier	Кассир
Chicken	Тоок
Coffee	Кофе
Dessert	Таттуу
Food	Тамак
Ingredients	Ингредиенттер
Kitchen	Ашкана
Knife	Бычак
Meat	Эт
Menu	Меню
Napkin	Салфетка
Reservation	Резервация
Sauce	Суус
Spicy	Ачуу
Waitress	Тагыраак

Science
Илим

Atom	Баяндоо
Chemical	Химиялык
Climate	Климат
Data	Маалымат
Evolution	Эволюция
Experiment	Эксперимент
Fact	Факт
Fossil	Сөөктөр
Gravity	Гравитация
Hypothesis	Гипотеза
Laboratory	Лаборатория
Method	Жакшы
Minerals	Минералдар
Molecules	Молекуллар
Nature	Жаратылыш
Organism	Организм
Particles	Бөлүкчөлөр
Physics	Орусия
Plants	Өсүмдүктөр
Scientist	Окумуштуу

Science Fiction
Илимий Фантастика

Atomic	Атомдук
Books	Китептер
Chemicals	Кемпир
Cinema	Кино
Dystopia	Дистопия
Explosion	Жарылуу
Extreme	Экстремалдык
Fantastic	Фантастикалык
Fire	Өрт
Futuristic	Футуристик
Galaxy	Галактика
Illusion	Иллюзия
Imaginary	Кооз
Mysterious	Табышмактуу
Oracle	Кирүү
Planet	Планета
Robots	Роботтор
Technology	Технология
Utopia	Утопия
World	Дүйнө

Scientific Disciplines
Илимий Дисциплиналар

Anatomy	Анатомия
Archaeology	Археология
Astronomy	Астрономия
Biochemistry	Биохимия
Biology	Биология
Botany	Баткен
Chemistry	Орусия
Ecology	Экология
Geology	Геология
Immunology	Иммунология
Kinesiology	Кинезиология
Linguistics	Лингвистика
Mechanics	Механикасы
Meteorology	Метеорология
Mineralogy	Минералогия
Neurology	Неврология
Physiology	Физиология
Sociology	Социология
Thermodynamics	Термодинамика
Zoology	Зоология

Shapes
Формалар

Arc	Жаа
Circle	Түрү
Cone	Кону
Corner	Бурч
Cube	Куб
Curve	Ийри
Cylinder	Тетиктер
Ellipse	Эллипс
Hyperbola	Гипербола
Line	Линия
Oval	Сопы
Polygon	Полигон
Prism	Призма
Pyramid	Пирамида
Rectangle	Төрт Бурчтук
Round	Тегерек
Side	Жагы
Sphere	Сфера
Square	Аянты
Triangle	Үч Бурчтук

Spices
Заттар:

Anise	Бардык
Bitter	Ачуу
Cardamom	Кардамом
Cinnamon	Корица
Clove	Гвоздика
Coriander	Корандер
Cumin	Зире
Curry	Байланыш
Fennel	Фенхель
Flavor	Даам
Garlic	Сарымсак
Ginger	Кызмат
Licorice	Ликориза
Nutmeg	Нутмег
Onion	Пияз
Paprika	Паприка
Saffron	Саффрон
Salt	Туз
Sweet	Таттуу
Vanilla	Ваниль

Technology
Илим Жана Технология

Blog	Блог
Browser	Браузер
Bytes	Байт
Camera	Камера
Computer	Компьютер
Cursor	Көрсөткүчү
Data	Маалымат
Digital	Учурдагы
Display	Дисплей
File	Файл
Font	Шрифт
Internet	Интернет
Message	Билдирүү
Research	Изилдөө
Screen	Которуу
Security	Коопсуздук
Statistics	Статистика
Virtual	Виртуалдык
Virus	Вирус

The Company
Берилген Баа

Business	Бизнес
Creative	Чыгармачыл
Decision	Чечим
Employment	Жумуш
Global	Глобалдык
Industry	Өнөр Жай
Innovative	Инновациялык
Investment	Долбоор
Possibility	Мүмкүнчүлүк
Presentation	Презентация
Product	Продукция
Progress	Прогресс
Quality	Сапат
Reputation	Репутация
Resources	Ресурстар
Revenue	Киреше
Risks	Тобокелдиктер
Trends	Тенденциялар

The Media
Медиа

Commercial	Коммерциялык
Communication	Байланыш
Digital	Учурдагы
Edition	Басылма
Education	Билим Берүү
Facts	Фактылар
Funding	Каржылоо
Images	Сүрөттөр
Individual	Жеке
Industry	Өнөр Жай
Local	Жергиликтүү
Magazines	Журналдар
Network	Тармак
Newspapers	Гезит
Online	Онлайн
Opinion	Пикир
Public	Коомдук
Radio	Радио

Time
Убакыт

Annual	Жылдык
Before	Чейин
Calendar	Календар
Century	Кылым
Clock	Саат
Day	Күн
Decade	Он Жылдык
Early	Эрте
Future	Келечек
Minute	Мүнөт
Month	Ай
Morning	Эртең
Night	Түн
Noon	Түш
Now	Азыр
Soon	Жакында
Today	Бүгүн
Week	Жума
Year	Жыл
Yesterday	Кече

Town
Шаар

Airport	Аэропорт
Bakery	Наабайкана
Bank	Банк
Cafe	Кафе
Cinema	Кино
Clinic	Клиника
Florist	Түстөр
Gallery	Галерея
Hotel	Кирүү
Library	Китепкана
Market	Базар
Museum	Музей
Pharmacy	Аптека
School	Мектеп
Stadium	Стадион
Store	Дүкөн
Supermarket	Супермаркет
Theater	Театр
University	Университет
Zoo	Зоопарк

Universe
Аалам

Asteroid	Астероид
Astronomer	Астроном
Astronomy	Астрономия
Atmosphere	Атмосфера
Cosmic	Космик
Darkness	Караңгылык
Equator	Экватор
Galaxy	Галактика
Hemisphere	Кыска
Horizon	Горизонт
Latitude	Латитуда
Longitude	Лонгитуд
Moon	Ай
Orbit	Орбита
Sky	Асман
Solar	Күн
Solstice	Токтолуу
Telescope	Телескоп
Visible	Көрүнүш
Zodiac	Зодиак

Vacation #2
Каникул №2

Airport	Аэропорт
Beach	Пляж
Camping	Кызмат
Destination	Дестинация
Foreign	Чет
Holiday	Майрам
Hotel	Кирүү
Island	Арал
Journey	Саякат
Leisure	Эс Алуу
Map	Карта
Mountains	Тоолор
Passport	Паспорт
Restaurant	Ресторан
Sea	Деңиз
Taxi	Такси
Tent	Чатыр
Train	Поезд
Transportation	Транспорт
Visa	Көзөнөк

Vegetables
Жашылчалар

Artichoke	Макала
Broccoli	Брокколи
Carrot	Сабиз
Cauliflower	Гүлдүктүк
Celery	Түрү
Cucumber	Бадыраң
Eggplant	Кирүү
Garlic	Сарымсак
Ginger	Кызмат
Mushroom	Мышык
Onion	Пияз
Parsley	Петрукка
Pea	Кошумча
Pumpkin	Аскабакин
Radish	Радиш
Salad	Салат
Shallot	Бөлмө
Spinach	Шпинак
Tomato	Помидор
Turnip	Шорон

Vehicles
Атайын Транспорт Каражат

Airplane	Учак
Ambulance	Тез Жардам
Bicycle	Велосипед
Boat	Кайык
Bus	Автобус
Car	Кар
Engine	Кыймылдаткыч
Ferry	Буу
Helicopter	Вертолет
Raft	Кирүү
Rocket	Окутуу
Subway	Метро
Taxi	Такси
Tires	Дөңгөлөк
Tractor	Трактор
Train	Поезд
Truck	Жүк Ташуучу
Van	Жазылуу

Visual Arts
Көркөм Сүрөт Искусствосу

Architecture	Орусия
Artist	Сүрөтчү
Ceramics	Керамика
Chalk	Бор
Charcoal	Көмүр
Clay	Чопо
Creativity	Чыгармачылык
Easel	Мольберт
Film	Фильм
Masterpiece	Бирок
Painting	Суроо
Pen	Пен
Pencil	Баштык
Perspective	Келечеги
Photograph	Фотограф
Portrait	Портрет
Sculpture	Скулптура
Stencil	Тафеталь
Varnish	Кыска
Wax	Воск

Water
Суу

Canal	Канал
Damp	Кызматтар
Evaporation	Бурулуу
Flood	Сел
Frost	Билдирүү
Geyser	Оюндар
Hurricane	Ураган
Ice	Муз
Irrigation	Сугат
Lake	Көл
Moisture	Өзгөчөлүктөрү
Monsoon	Коммуналдык
Ocean	Океан
Rain	Жамгыр
River	Дарыя
Shower	Туш
Snow	Кар
Steam	Буу
Waves	Толкундар

Weather
Аба Ырайы

Atmosphere	Атмосфера
Breeze	Жеңил Шамал
Climate	Климат
Cloud	Дагы
Drought	Кургакчылык
Dry	Кургак
Fog	Туман
Hurricane	Ураган
Ice	Муз
Lightning	Чагылган
Monsoon	Коммуналдык
Polar	Полярдык
Rainbow	Асан-Желе
Sky	Асман
Storm	Шорм
Temperature	Температура
Thunder	Күкүрүү
Tornado	Торнадо
Tropical	Тропикалык
Wind	Шамал

Congratulations

You made it!

We hope you enjoyed this book as much as we enjoyed making it. We do our best to make high quality games.
These puzzles are designed in a clever way for you to learn actively while having fun!

Did you love them?

A Simple Request

Our books exist thanks your reviews. Could you help us by leaving one now?

Here is a short link which will take you to your order review page:

BestBooksActivity.com/Review50

MONSTER CHALLENGE!

Challenge #1

Ready for Your Bonus Game? We use them all the time but they are not so easy to find. Here are **Synonyms**!

Note 5 words you discovered in each of the Puzzles noted below (#21, #36, #76) and try to find 2 synonyms for each word.

Note 5 Words from *Puzzle 21*

Words	Synonym 1	Synonym 2

Note 5 Words from *Puzzle 36*

Words	Synonym 1	Synonym 2

Note 5 Words from *Puzzle 76*

Words	Synonym 1	Synonym 2

Challenge #2

Now that you are warmed-up, note 5 words you discovered in each Puzzle noted below (#9, #17, #25) and try to find 2 antonyms for each word. How many lines can you do in 20 minutes?

Note 5 Words from **Puzzle 9**

Words	Antonym 1	Antonym 2

Note 5 Words from **Puzzle 17**

Words	Antonym 1	Antonym 2

Note 5 Words from **Puzzle 25**

Words	Antonym 1	Antonym 2

Challenge #3

Wonderful, this monster challenge is nothing to you!

Ready for the last one? Choose your 10 favorite words discovered in any of the Puzzles and note them below.

1.	6.
2.	7.
3.	8.
4.	9.
5.	10.

Now, using these words and within a maximum of six sentences, your challenge is to compose a text about a person, animal or place that you love!

Tip: You can use the last blank page of this book as a draft!

Your Writing:

Explore a Unique Store
Set Up **FOR YOU!**

MEGA DEALS

BestActivityBooks.com/**TheStore**

Designed for Entertainment!

Light Up Your Brain With Unique **Gift Ideas**.

Access **Surprising** And **Essential Supplies!**

CHECK OUT OUR MONTHLY SELECTION NOW!

- Expertly Crafted Products -

NOTEBOOK:

SEE YOU SOON!

Linguas Classics Team

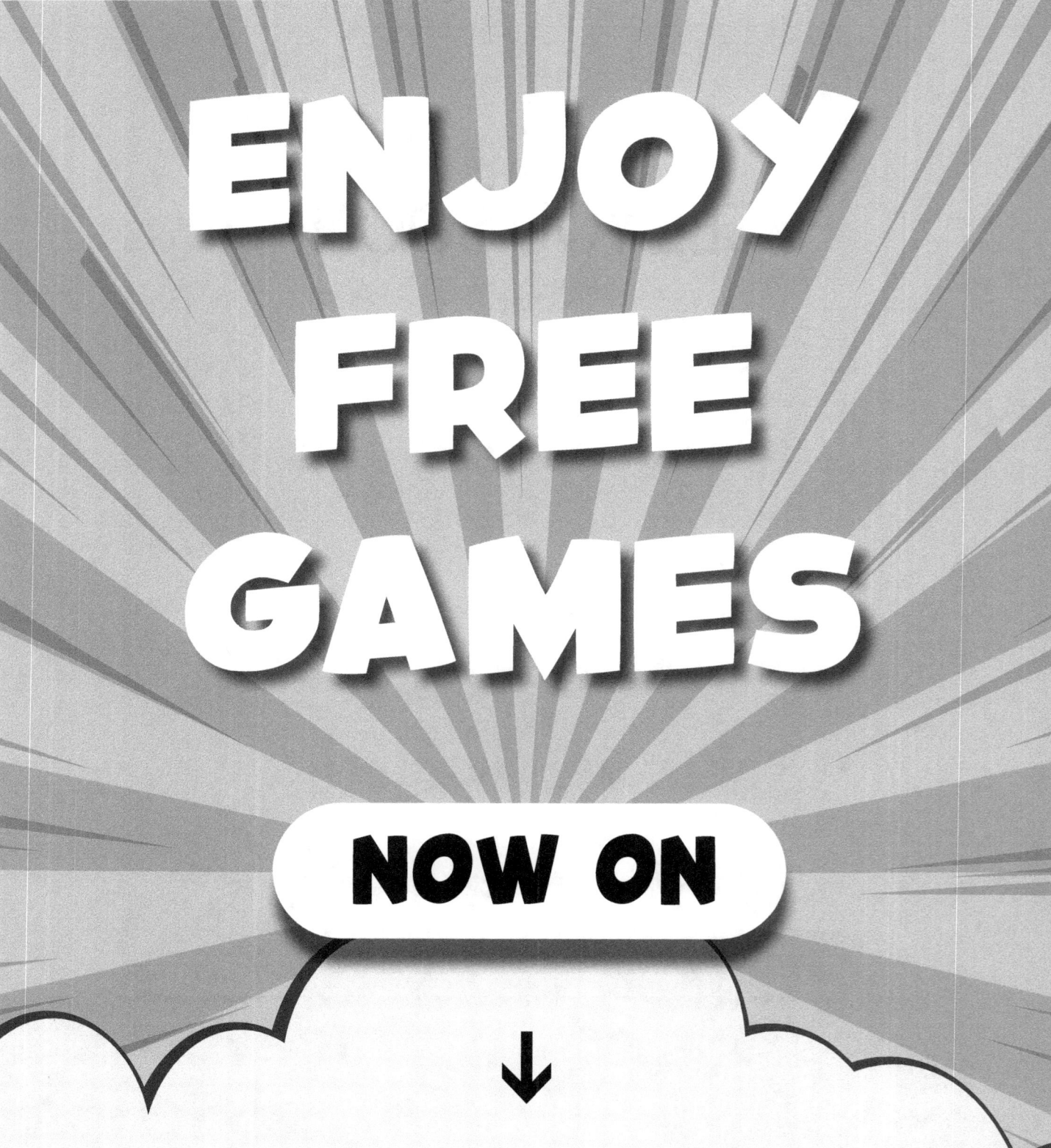

BESTACTIVITYBOOKS.COM/FREEGAMES